I0083435

MÉTHODE
DE LECTURE

A L'USAGE DES ÉCOLES DES FRÈRES

DE

L'INSTRUCTION CHRÉTIENNE.

QUATRIÈME ÉDITION.

VANNES

IMPRIMERIE DE GUSTAVE DE LAMARZELLE.

1851.

TABLE DES MATIÈRES.

Ire. PARTIE : COMBINAISONS RÉGULIÈRES.

I.	Voyelles brèves, — longues	Page 1
II.	Consonnes simples. — Alphabet	2
III.	Syllabes : *ba, be*,... Mots	3
IV.	Syllabes : *ab, ib*,... Mots	10
V.	Voyelles : *an, in*,... Syllabes, Mots	14
VI.	Diphthongues : *ia, ié*,... Syllabes, Mots	21
VII.	Les 3 comb. : *ch, gn, ill.* — Syll., Mots	25
VIII.	Consonnes c. : *bl, br*;... Syllabes, Mots	29
	Carractères italiques	37
IX.	Lettres nulles : Mots	38
X.	La consonne *h*	46
XI.	Quelques petites phrases	49

SECONDE PARTIE : IRRÉGULARITÉS.

Section			
1re Section.	I.	Le son *é* représenté par *ai, ez, er*, .. — Mots	52
	II.	— *è* par *ai, ei, ay, ey*,... — Mots, Phrases	55
	III.	— *e* par *ent*; *e* = *a* devant *mment*. — Mots	63
	IV.	— *y* pour *ii* (deux *i*). — Mots, Phrases	66
	V.	— *an* par *am, em, en*,... — Mots	69
	VI.	— *in* par *im, yn, ym, ein*,... — Mots, Phrases.	71
	VII.	— *on, un*, par *om, um*. — Mots	78
	VIII.	— Les doubles lettres *æ, œ*. — Mots, Phrases	*ibid.*
	IX.	— La lettre *u* après *g, q*. — Mots, Phrases	82
2de Section.	X.	Consonne redoublée. — *c, g*, devant *e, i, y*, — *a*, *o*, *u*, — Mots, Phrases	88
	XI.	— *s* entre deux voyelles. — Mots, Phrases	95
	XII.	— *ti* pour *si*. — Mots, Phrases	101
	XIII.	— *ch* pour *k*. — Mots, Phrases	106
	XIV.	— *gn* pour *g-n*. — Mots, Phrases	111
	XV.	— *ill* par *l, il, ll*. — Mots, Phrases	115
	XVI.	— Différentes valeurs de *x*. — Mots, Phrases	120
	XVII.	— Quelques difficultés particulières. — Mots, Phrases	123

FIN DE LA TABLE.

AVERTISSEMENT.

1. Le mot se compose de syllabes, et la syllabe de lettres. Il semble donc que les lettres soient les éléments du mot. Quand on écrit un mot, il faut en effet placer à la suite les unes des autres toutes les lettres qui le composent : ainsi, les lettres sont les éléments du *mot écrit*. Mais si, pour *lire* un mot-écrit, on nomme en particulier chacune de ses lettres, on ne trouvera, dans la plupart des cas, aucune ou presque aucune ressemblance entre les éléments (les lettres) et le composé (la syllabe). Soit le mot *champ :* quelle ressemblance a-t-il avec ses cinq éléments *c, h, a, m, p ?* Quelle analogie trouve-t-on avec *frein*, et ses lettres *f, r, e, i, n ?* à peu près aucune. Voilà un très-grave inconvénient ; car, si le composé ne ressemble pas aux éléments, la mémoire de l'élève agit toute seule ; chaque syllabe est pour lui une sorte de devinaille, qu'il ne retient qu'à force de dire et de redire. Reconnaissons pourtant que les élèves, même très-jeunes, retiennent aisément les syllabes *ba, be, bé, bi, bo*, etc. : d'où vient cette facilité ? Uniquement du petit nombre d'éléments, et de l'analogie qu'ils ont avec le composé. Faisons donc en sorte qu'il en soit ainsi pour toutes les syllabes ; et nous aurons fait disparaître, au moins en partie, une des grandes difficultés de la lecture.

2. Pour y parvenir, nous distinguerons deux sortes de syllabes : 1° celles qui ne renferment que des *sons ;* elles sont indécomposables ; 2° celles qui contiennent des *sons modifiés* par des consonnes. Ces dernières pourront se décomposer en *deux* parties : le son, et ce qui le modifie. Par exemple, dans le mot *ami*, la première syllabe *a* ne renferme qu'un son ; la dernière *mi* contient le son *i* modifié par *m*. Les syllabes de *autant* sont dans le même cas : la première *au* est un son indécomposable ; la seconde *tant* contient le son *an* modifié par *t*. C'est pourquoi, en épelant, nous ne reconnaîtrons jamais plus de deux éléments dans la syllabe, quel que soit d'ailleurs le nombre des lettres qui la composent ; nous n'en considérerons même qu'un seul, lorsque le son ne sera pas modifié. Ainsi, pour épeler les mots : *canal*, *mouton*, *nocturne*, *conducteur*, *arithmétique*, nous dirons : *c a ca*, *n al nal*, CANAL ; *m ou mou*, *t on ton*, MOUTON ; *n oc noc*, *t ur tur*, *n e ne*, NOCTURNE ; *c on con*, *d uc duc*, *t eur teur*, CONDUCTEUR ; *a*, *r ith rith*, *m é mé*, *t i ti*, *qu e que*, ARITHMÉTIQUE.

3. Comme on le voit, nous ne faisons pas répéter la première syllabe avec la seconde, les deux premières avec la troisième, les trois premières avec la quatrième, etc. Si, pour épeler *amabilité*, on fait dire : *a*, *m a ma*, AMA ; *b i bi*, AMABI ; *l i li*, AMABILI ; *t é té*, AMABILITÉ : 1° l'élève dira et répétera des assemblages qui ne for-

ment aucun sens (*a, ama, amabi, amabili*); 2° il les dira par cœur, sans considérer les groupes de lettres qui le représentent, il ne lira pas. En ne faisant assembler les syllabes qu'après avoir dit la dernière, l'élève sera obligé de les regarder pour les reconnaître, il les lira; c'est à quoi il faut l'habituer sur les Tableaux de Lecture. Et pourquoi ne réussirait-on pas ainsi à enseigner à lire, puisqu'on y parvient par la méthode sans épellation?

4. Nous pensons encore qu'il y a beaucoup plus d'inconvénients que d'utilité à faire prononcer les syllabes muettes: 1° on défigure les mots au point que l'élève ne peut souvent les reconnaître, ce qui doit nuire au progrès, attendu que chacun retient mieux ce qu'il comprend que ce qui est inintelligible pour lui; 2° on fait contracter une habitude vicieuse, qu'on a quelquefois beaucoup de peine à corriger, qu'on ne parvient pas même toujours à détruire complètement, ainsi que notre propre expérience nous l'a démontré. Mais il y a quelques cas où la syllabe muette doit se prononcer distinctement: nous en parlerons bientôt.

5. Enfin, il n'est pas inutile de prévenir une difficulté qui se présente tout de suite, quand on examine les noms que nous donnons aux consonnes : plusieurs lettres ou groupes de lettres portent le même nom : comment parer à l'inconvénient qui en résulte, quand il s'agira de l'orthographe? Hé bien! alors, on apprendra à l'élève, ou plutôt on l'obligera d'apprendre lui-même les noms usuels des lettres, tels qu'on les voit dans le tableau ci-dessous; alors aussi, il apprendra les accents, l'apostrophe, et les signes de ponctuation; et il le fera sans peine, car il saura lire.

Lettres...	b	c	d	f	g	h	j	k	l	m
Noms....	*bé*	*cé*	*dé*	*effe*	*gé*	*ache*	*ji*	*ka*	*elle*	*emme*
Lettres...	n	p	q	r	s	t	v	x	y	z
Noms....	*enne*	*pé*	*cu*	*erre*	*esse*	*té*	*vé*	*icce*	*i grec*	*zède.*

Autres signes : Accent aigu (´), accent grave (`), accent circonflexe (^); apostrophe ('), tréma (¨), cédille (¸); virgule (,), point-virgule (;), point (.), deux points (:), point interrogatif (?), point exclamatif (!), trait d'union (-).

LIAISON DES MOTS DANS LA LECTURE COURANTE.

6. Cette liaison consiste à joindre la consonne finale d'un mot avec la voyelle initiale du mot suivant, comme si ces deux lettres appartenaient à la même syllabe (l'*h* muette n'empêche pas la liaison.) Il faut d'ailleurs que la liaison se fasse d'une manière naturelle, sans gêne, ni affectation; le plus léger repos entre deux mots dispense de les lier.

7. I. Les consonnes finales *d, r, t, s, x, z,* se lient généralement à la voyelle initiale suivante : mais *d* se prononce comme *t*, et *s*, *x*, comme *z*. EXEMPLES : *granD arbre, alleR à Rome, ils ironT ensemble, deux amis, vous avez été;* prononcez : *gran Tarbre, allé Rà Rome, il ziron Tensemble, deu zamis, vou zavé zété.*

Le *t* de la conjonction *et* ne fait jamais liaison : il en est de même de *r* dans les substantifs terminés en *er*; de plus, dans *respect*, *aspect*, ce n'est pas le *t*, mais le *c* qui se lie à la voyelle initiale suivante. EXEMPLES : *un livre et une plume*, *un danger évident*, *un clocher élevé*, *le respect humain*, *un aspect agréable*; prononcez : *un livre é une table*, *un dangé évident*, *un cloché élevé*, *le respè cumain*, *un aspè cagréable*.

8. II. Les consonnes finales *n*, *p*, *f*, *g*, forment liaison dans : *mon ami*, *ton épée*, *ancien auteur*, *bien obligeant*, *divin amour*, *combien y a-t-il? Il a beaucoup offert*, *trop étourdi*, *neuf ans*, *sang humain*, *rang élevé*, *long exercice*, qu'on prononce : *mo nami*, *to népée*, *ancié nauteur*, *bien nobligeant*, *divi namour*. *combien n'y a-t-il? Il a beaucou poffert*, *tro pétourdi*, *neu vans*, *san kumain*, *ran kélevé*, *lon kexercice*. Par les quatre derniers exemples, on voit que le *g* se prononce comme *k*, et que *f* dans *neuf* se prononce comme le *v* devant le mot *ans*.

9. III. Une consonne finale nulle, précédée immédiatement d'une consonne sonnante, ne forment pas ordinairement liaison avec la voyelle qui suit, à moins qu'elle n'y soit jointe par le trait-d'union. Sont exceptés les mots *ils*, *leurs*, *plusieurs*, dans lesquels *s* se lie à la voyelle initiale suivante : EXEMPLES : *canard affamé*, *retard imprévu*, *mort affreuse*, *il dort encore*, *leurs amis*, *ils ont chanté*, *plusieurs individus*, *dort-il?* Prononcez : *canar affamé*, *retar imprévu*, *mor affreuse*, *il dor encor*, *leur zamis*, *il zont chanté*, *plusieur zindividus*, *dor til?*

10. IV. Dans les noms de nombres *cinq*, *six*, *sept*, *huit*, *neuf*, *dix*, la consonne finale est nulle, lorsque le mot suivant commence par une consonne, et qu'il représente un objet multiplié par le nombre : *cinq maisons*, *six villes*, *sept mètres*, *huit stères*. Hors ce cas, la consonne finale se prononce; mais *x* équivaut à *z*, devant une voyelle, lorsqu'il y a multiplication; ailleurs, *x* se prononce comme *s*. EXEMPLES : *cinq arbres*, *six hommes*, *le sept mars*, *il gagne huit pour cent*; *ils étaient neuf à la promenade*, *et les neuf en sont revenus ensemble*.

11. NOTA. Dans les syllabes muettes dont la consonne est composée (telles sont : *ble*, *bre*, *cle*, *cre*, *tre*, *ste*...), l'*e* muet final n'est absolument nul qu'au singulier devant une voyelle ou une *h* muette, comme dans : *votre ami*, *notre honneur*, *un funeste exemple*, *une semblable occasion*. Ailleurs, la syllabe muette dont il s'agit, cesse, pour ainsi dire, d'être muette, car alors elle se prononce généralement d'une manière distincte comme les autres syllabes. EXEMPLES : *une noble race*, *un funeste conseil*, *une vaste plaine*, *d'aimables enfants*, *d'honorables adversaires*, *de tendres adieux*.

MANIERE D'ENSEIGNER A LIRE.

12. Voyelles : *a, e, é, è, i, o, u, y*. (1er Tableau, n° 1.)

Montrez à l'élève les deux premières lettres *a, e*, en les nommant; exigez qu'il les dise et les répète plusieurs fois après vous. Quand il connaîtra ces deux lettres, joignez-y la troisième *é*, en la nommant; puis, faites dire et répéter *a, e, é*, jusqu'à ce que l'élève connaisse bien ces trois premières lettres. Alors, joignez-y la quatrième *è*; puis, faites dire et répéter *a, e, é, è*, jusqu'à exécution satisfaisante. — Continuez ainsi, et bientôt l'élève dira sans difficulté *a, e, é, è, i, o, u, y*.

13. Ce premier exercice ne suffit pas : l'élève pourrait ainsi apprendre de mémoire l'ordre des sons, sans connaître les signes qui les représentent. Montrez-lui maintenant chacune des lettres *a, e, é*,... qui se trouvent, soit dans l'*Alphabet* placé après les voyelles et les consonnes, soit dans les *syllabes* et les *mots* du même tableau (n°s 1, 2, 3). S'il hésite, montrez-lui le même signe parmi les voyelles *a, e, é*,... de la première ligne; puis revenez à la lettre que vous avez montrée d'abord. Passez à une autre voyelle, et faites comme pour la première. Continuez ainsi, jusqu'à ce que l'élève nomme, sans hésiter, toutes les voyelles, quels que soient l'ordre et le lieu du signe qui lui est indiqué.

14. Comme troisième exercice, obligez votre élève de vous montrer avec la baguette chacune des lettres que vous nommerez. Ainsi, nommez *a*, et exigez qu'il vous montre cette lettre en divers endroits du tableau; nommez *e*, et demandez qu'il vous désigne cette lettre en plusieurs endroits. Continuez ainsi. — Ce troisième exercice ne peut arrêter longtemps, quand le second (13) a été pratiqué avec soin. Quand l'élève indique bien chaque lettre aussitôt qu'on la lui nomme, on peut être sûr qu'il la connaît : il faut donc alors passer plus loin.

15. Enseignez de même les voyelles longues *â, ê, î, ô, û*; de même encore les consonnes *b, c, d, f*,... (majuscules et minuscules)

16 Passez ensuite aux syllabes (1er Tableau, n° 2). Faites dire et répéter la première ligne en cette manière : *b a ba; b e be, b é bé*;.... La première ligne étant sue passablement, joignez-y la seconde, que vous ferez épeler comme la première. Aux deux premières, joignez la troisième : aux trois premières, ajoutez la quatrième, et ainsi de suite : non pas toutefois jusqu'à la fin, mais seulement de façon que l'élève ait à dire *six* lignes de suite, tout au plus (*).

17. Les syllabes étant sues *par lignes*, faites-les dire par colonnes : *b a ba; c a ca*;...

18. Lorsque l'élève épelle bien toutes ces syllabes, exigez qu'il les *lise* (sans épeler); d'abord par lignes : *ba, be, bé*,...; ensuite

(*) Quant aux syllabes de trois lettres *qua, que*,... *tha, the*,... faites bien remarquer à l'élève que les deux lettres, *q, u*, se prononcent ensemble comme la seule lettre *q*, que les deux lettres *t, h*, se prononcent comme *t*; etc.

par colonnes, *ba*, *ca*, *da*,...; ensuite dans un ordre quelconque *ba, co, di*,...

19. Après les syllabes, viennent les *mots*. Commencez par ceux de deux syllabes : *a mi, bâ ti, cô té*,... Faites d'abord épeler : *a, mi, mi*, AMI; *b â bâ, t i ti*, BATI;... Quand l'élève dit bien ces mots, après les avoir épelés, exigez de lui qu'il les *lise* (sans épeler *haut*); qu'il les lise d'abord de haut en bas, *ami, bâti, côté*,...; ensuite de bas en haut, *râpe, père, note*,...; ensuite, dans un ordre quelconque, *bâti, note*,...

20. L'élève sachant lire les mots de deux syllabes, faites-le passer à ceux de trois : *to pa ze, u ti le, vo lu me*,... Faites d'abord épeler, *t o to, p a pa, z e ze*, TOPAZE; *u, t i ti, l e le*, UTILE;... Continuez comme plus haut (19), pour les mots de deux syllabes. Procédez encore de la même manière pour les mots de quatre syllabes, *é, ph é phé, m è mè, r e re*, ÉPHÉMÈRE; *c a ca, tho th o, l i li, q u e que*, CATHOLIQUE;... Exigez d'ailleurs qu'il ne rassemble pas trop vite les syllabes pour former le mot; dites-lui d'attendre que vous les lui montriez avec la baguette.

21. Quand l'élève lit bien les mots du n° 2, faites-le passer au n° 3 (1er Tableau). Conformez-vous bien aux avis donnés au bas du tableau. Pour enseigner les nouvelles syllabes, *ab, ib, ob*,... faites dire : *a b ab, i b ib, o b ob*,... Suivez en tout ce que nous avons dit plus haut (16, 17, 18) pour les syllabes *ba, be, bé*,...

22. Avant de passer aux syllabes de trois lettres (au moins), *bab, bib, bob*,... faites remarquer à l'élève le second élément de chacune de ces syllabes; dites-lui de les lire comme si la première lettre ne comptait pas; et alors il devra dire : *ab, ib, ob*,... comme on le trouve à la première ligne de ce n° 3. S'il hésite, montrez-lui, parmi les 48 premières syllabes, quelle est celle qui l'embarrasse.

23. Quand l'élève distingue aisément le second élément des syllabes *bab, bib, bob*,... faites-les-lui épeler en disant : *b ab bab, b ib bib, b ob bob*,... Suivez en tout comme nous avons dit (16, 17, 18). — Passez ensuite aux mots, n° 4, et procédez comme ci-dessus (19, 20).

24. Pour enseigner les voyelles *an, in, on, un*,... (2e Tableau, n° 1), procédez comme pour les simples lettres *a, e, é, è*,... (12, 13, 14). — Pour faire remarquer à l'élève les sons *an, in, on*,... dans les syllabes *ban, bin, bon*,... dites-lui de les lire comme si la première lettre ne comptait pas; alors il devra dire : *an, in, on*,... Passant aux syllabes, faites dire : *b an ban, b in bin, b on bon*,... et continuez comme plus haut (16, 17, 18).

25. Pour les mots, n° 2, suivez le procédé décrit (19, 20). Faites de même au n° 4; — de même encore aux n°s 1 et 3 du 3e Tableau.

26. Les sons composés, *ia, ié, iè*,... du n° 3 (2e Tableau), n'arrêteront guère l'élève, car il en connaît les éléments; *i a, i é, i è*,...; mais il faut exiger qu'il les prononce d'une seule émission de voix, comme dans les mots *d*IA*cre, dé*LIÉ, BIÈ*re*. Agissez d'ailleurs comme nous venons de le dire (24). — Agissez encore de même pour les trois combinaisons *ch, gn, ill* (3e Tableau, n° 1).

27. Pour enseigner les consonnes composées, *bl, br, cl,...* (3e Tableau, n° 2), faites remarquer à l'élève les deux éléments *b l, b r, c l,...*, et les lui faites prononcer séparément, *be, le; be, re; que, le;...* Exigez qu'il les prononce de plus en plus vite, et bientôt il les dira d'une seule émission de voix; *ble, bre, cle,...* et il en retiendra aisément les noms. — Quant aux consonnes *sc, sp, st*, et autres qui commencent par *s*, faites remarquer de plus que chacune d'elles se prononce avec un léger sifflement qui se termine sur la seconde lettre. — Les consonnes *sc, sp, st*, se prononcent respectivement *sque, spe, ste*, ainsi qu'on le voit par leur emploi dans les mots : *scandale, spirale, stère.*

28. Avant de passer à la lecture des syllabes *bla, ble,....* faites remarquer à l'élève la consonne composée qui s'y trouve, et lui dites de dire comme si la voyelle (*a, e, é,...*) ne comptait pas; alors il devra dire : *bl, br, cl, cr,...* — Quand l'élève distingue aisément la consonne composée, faites-lui épeler les syllabes, en disant : *bl a bla, bl e ble, bl é blé,...* (16, 17, 18).

29. L'élève ayant lu les mots du n° 3, et les phrases du n° 4 (3e Tableau), mettez-lui le syllabaire entre les mains; et, après lui avoir fait lire, en tout ou en partie, les Exercices qui précèdent les caractères italiques, faites-lui connaître ceux-ci; puis, passez aux *articulations finales nulles;* avertissez l'élève qu'il doit lire comme si ces lettres italiques (penchées) n'était pas dans le mot. — *Qu'il ne soit plus question d'épeler*, si ce n'est dans quelques mots isolés, s'il arrivait que l'élève ne pût pas les lire sans cette décomposition.

Voilà ce qui concerne la Première Partie *du Syllabaire.*

Ce qui regarde la *Seconde Partie*, se résume en deux mots : En tête de chaque exercice (de mots isolés), se trouvent des règles de lecture : expliquez-les le plus simplement possible; puis, ajoutez « Ouvrez vos livres; écoutez et suivez bien : je vais lire comme » vous devez lire vous-mêmes après moi », et lisez en effet. — Si c'est, par exemple, le premier exercice (exercice sur le son *é*), dites comme s'il y avait : « Je prié, je priré, vou priée, vou priiée, » vou zavée prié,... J'abdiqué, j'abordé, j'achevé,... L'abricotié » é l'amandié; l'arbalétié,... »

ANALYSE DE LA MÉTHODE.

Elle se divise en deux parties principales.

Dans la première, nous faisons connaître les voyelles et les consonnes simples et composées, ainsi que les combinaisons de ces éléments entre eux, *d'une manière régulière;* puis, afin d'avoir dans la suite plus de latitude pour les exemples, nous ajoutons un exercice sur les lettres *nulles*, principalement les consonnes finales; voulant d'ailleurs donner à l'élève le moyen de les distinguer sans peine, nous avons fait usage, pour ces lettres, du caractère italique.

La seconde partie contient toutes les irrégularités de la lecture :

elle peut se diviser en deux sections principales. La première fait connaître les différentes manières dont se représentent quelques-uns des sons ; dans la seconde, se trouvent les irrégularités particulières à chaque consonne.

MÉTHODE DE LECTURE

A L'USAGE

DES ÉCOLES DES FRÈRES DE L'INSTRUCTION CHRÉTIENNE.

PREMIÈRE PARTIE.

COMBINAISONS RÉGULIÈRES, ET QUELQUES LETTRES NULLES.

Avis. 1° Ne faites point nommer les accents ; contentez-vous de donner à chaque lettre le nom qui lui convient, d'après le son qu'elle représente ; 2° au-dessous de chaque voyelle se trouve un mot où cette lettre a le son qu'on lui doit donner ; 3° au-dessous de chaque consonne se trouve le nom de cette lettre ; 4° les lettres ou groupes de lettres réunies par la même accolade, ont le même nom ; ainsi, les assemblages *qu*, *ph*, *rh*, *th*, portent les mêmes noms que les simples lettres *q*, *f*, *r*, *t*; faites-les donc nommer comme ces dernières, sans décomposition.

1. — Voyelles.

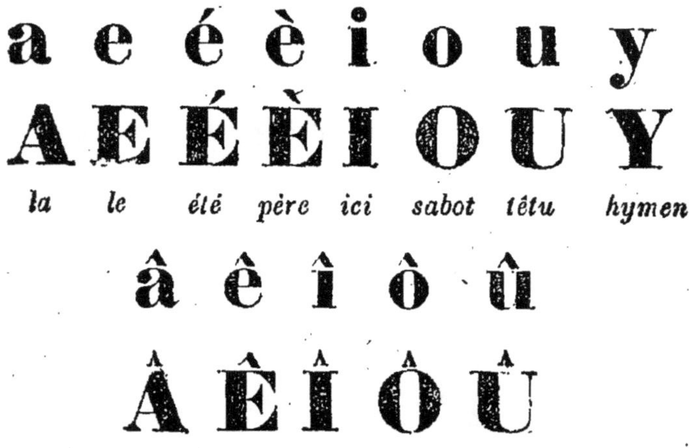

a e é è i o u y

A E É È I O U Y

la *le* *été* *père* *ici* *sabot* *têtu* *hymen*

â ê î ô û

Â Ê Î Ô Û

pâte *fête* *gîte* *côte* *flûte*

II. — Consonnes.

b c d f g h j k l m

B C D F G H J K L M

be que de fe gue he je que le me

n p q r s t v w x z

N P Q R S T V W X Z

ne pe que re se te ve double v cse ze

Alphabet Entier : Exercice.

a à â b c d e é è ê f g

h i î j k l m n o ô p

q r s t u û v w x y z

æ œ

(aé) (oé)

i y c q k qu f ph

r rh t th

III. — Syllabes. — Consonne suivie d'une voyelle.

Avis. 1° Ne faites point nommer l'*apostrophe* (non plus que les accents) : ainsi, les syllabes *d'i*, *d'o*, *j'é*, *j'ô*... doivent s'épeler comme s'il y avait *di*, *do*, *jé*, *jô*... sans apostrophe; 2° la syllabe, quelle qu'elle soit, a deux éléments, au plus; ainsi les syllabes *phé*, *phy*, *qua*, *qui*,... doivent s'épeler comme s'il y avait simplement *fé*, *fy*, *ka*, *ki*,... car les assemblages *ph*, *qu*,.. équivalent à *f*, *k*,...

Ba	be	bé	bè	bi	bo	bu	by
Ca	ke	ké	kè	ki	ky	co	cu
Da	de	dé	dè	d'i	d'o	du	dy
Fa	fe	fé	fè	fi	fo	fu	fy
Ga	gâ	go	gô	ja	je	j'é	j'ô
La	le	l'é	lè	li	lo	lu	ly
Ma	me	mé	mê	mi	mo	mu	my
Na	ne	né	nè	ni	nô	nu	n'y
Pa	pe	pé	pè	pi	pô	pu	py
Qua	que	qué	quê	qui	quo	quy	
Râ	re	ré	rê	ri	ro	ru	ry
Sâ	se	sé	sè	si	so	su	s'y
Tà	te	té	tê	ti	tô	tu	t'y
Va	ve	vé	vê	vi	vo	vu	vy

Xa xe xé xè xi xo xu xy
Za ze zé zè zi zo zu zy
Pha phe phé phê phi pho phy
Rha rhe rhé rhè rhi rhô rhu rhy
Tha the thé thè thi tho thu thy

MOTS.

A mi, â me, a pi, a re, a xe; Bâ ti, bé ni, bi que, bê te, bu re; Ca fé, co de, cô te, cô té, cu re, cu ve; Da te, dé fi, dé jà, de mi, da me, du re; É lu, é pi, é té, è re; Fa de, fa né, fê te, fè ve, fi le, fi ni, fi xe, fi xé, fu mé; Ga la, ga le, ga ze; I de, î le, i ve; J'ô te, ju re, ju pe, ju ré; Ka li, ki lo, ki no; La me, la que, li me, lu ne, lu xe, ly re; Ma re, mâ le, mè re,

mê me, mi di, mo de, mu le, No te, no té, nu que; O de, o ve; Pa pa, pa ri, Pâ que, pè re, pho que, pi pe, pu ni; Quê te, quê té, qui na, qui ne; Râ pe, ra re, ra ve, rê ne, rhu me, ri re; Sa le, sa pe, se mé, so pha, So phi, sû re; Tarc, tâ té, ta xe, ta xé, tê te, tê tu, ty pe; U ne, u ni, u ve; Va lu, va qué, ve nu, vi de, vi ve; Zè le, zé lé, zé ro, zô na, zô ne.

A bî me, a bo li, a do ré, a ga the, a lê ne; Ba di ne, ba ra que, bé ni te, bi co que, bi tu me; Ca ba ne, ca na ri, ca ra fe, co mi que, co lo ré, ca po te; Da nu be, dé bi té,

dé ca di, dé co ré, dé vo te;
É bè ne, é co le, é cu me,
l'é lè ve, l'é po que; la Fa ri ne,
fa ta le, fi dè le, u ne, fi gu re:
Ga ba re, ga lo pé, ga lè re;
I do le, i mi té, i ni que;
Ju bi lé, ju ju be; Ka bi le,
ka ra bé, ki ni ne; Lé vi te,
li mi te, li qui de, lu nu le;
Madame, malade, la mâ tu re,
la ma xi me; Na ri ne, na tu re,
na vi re, nu mé ro; O li ve,
o pa que, o pé ra; Pa ra de,
pa ra phe, pâ tu re, pi ra te;
Qua li té, qui ni ne, quo ti té:
Ra fa le, ra pi de, re li que;
Sa la de, sa li ve, sa me di,
sé vè re; Ti mi de, to lé ré,

tu li pe, ty phi que ; U ni que, u ni té, u ti le; Vé ri té, vi pè re, vo ca le, vo lu me, vo mi que ; Zé phy re, zy go ma.

A co ly te, a mi ca le, an a-thè me, a ra bi que; Ba na li té, bé né vo le ; Ca la mi té, ca ma-ra de, ca pi ta le, ca tho li que; Dé ca go ne, dé li ca te ; É ga-li té, é phé mè re, é qui no xe, é pi ta phe ; Fa ta li té, fi dé li té, fé mi ni ne ; Ga lo pa de, ga zi fè-re ; I na ni mé, i ni qui té, i ta-li que ; Ja co bi ne, jo li ve té ; Ki lo go ne ; La ti tu de, la xa-ti ve, li qui dité; Ma jo ri té, ma ri ti me, mé tho di que, mo ra li té; Na ti vi té, né ophy te, nu mé ra le; O vi pa re, o xi go ne; Pa ra bo le, pa thé-ti que, po li go ne; Ra pi di té, ré a li té, rhé to ri que, rhu-ma ti que; Sa ta ni que, sé cu-ri té, sé ra phi que; Thé o rè-me, ti mi di té, to ta li té; U na-ni me, u ni ti ve, u ti li té; Va-li di té, vé ro ni que, vi vi fi que; Zé no ni que, zi be li ne, zo o-li the, zo o phy te.

A ma bi li té, a é ro ly the, a na to mi que; Bé a ti tu de, bé a ti fi que; Ca lo ri fè re, ca té go ri que, co pu la ti ve; Dé fi ni ti ve, di la ta bi li té, do mi ni ca le; E co no mi que, é pi dé mi que, é pi pho nè me;

Fé dé ra ti ve, fi gu ra tive ; I mi ta ti ve, i né ga li té, i na mo vi bi li té ; Li bé-ra li té, lo co mo ti ve ; Ma thé ma ti que, ma tu ti-na le, mo di fi ca ti ve ; No ta-bi li té, nu mé ra ti ve ; O pé ra-ti ve, o xy da bi li té ; Pa ra ly-ti que, pa ra do xa le, py ra mi-da le ; Qua li fi ca ti ve ; Ré gu-la ri té, ré ca pi tu lé ; sé cu-la ri té, si mi li tu de, sy no ny-mi que ; Thé o lo ga le ; U na-ni mi té, u ni la té ra le ; Vo la-ti li té, vo lu bi li té ; Zy go-ma ti que.

IV. — Syllabes. — Voyelle suivie d'une consonne.

Avis. — 1° Commencez par les syllabes des sept premières lignes horizontales; elles sont les bases des suivantes; 2° ne perdez pas de vue que la syllabe a deux éléments, au plus; les syllabes *aph*, *bac*,... se décomposeront ainsi : *a ph*, *b ac*;...

Ab	ib	ob	ub	ac	ic	oc	uc
Ad	id	od	ud	af	if	of	uf
Ag	ig	og	ug	ak	ik	ok	uk
Al	il	ol	ul	ap	ip	op	up
Ar	ir	or	ur	as	is	os	us
At	it	ot	ut	ax	ix	oz	uz
Ath	ith	oth	uth	aph	iph	oph	uph
Bab	bib	bob	bub	bac	bic	boc	buc
Cab	lib	cob	cub	cac	lic	coc	cuc
Dab	dib	dob	dub	dac	dic	doc	duc
Fab	fib	fob	fub	fac	fic	foc	fuc
Gad	sid	god	gud	gaf	sif	gof	guf
Jad	jid	jod	jud	jaf	jif	jof	juf
Kad	kid	kod	kud	kaf	kif	kof	kuf
Lad	lid	lod	lud	laf	lif	lof	luf
Mag	mig	mog	mug	mak	mik	moq	
Nag	nig	nog	nug	nak	nik	noq	nuq
Pag	pig	pog	pug	pak	pik	poc	puc

Rag	rig	rog	rug	rak	rik	rop	rup
Sal	sil	sol	sul	sap	sip	sop	sup
Tal	til	tol	tul	tap	tip	top	tup
Val	vil	vol	vul	vap	vip	vop	vup
Zal	zil	zol	zul	zap	zip	zop	zup
Bar	bir	bor	bur	bas	bis	bos	bus
Car	sir	cor	cur	cas	sis	cos	cus
Dar	dir	dor	dur	das	dis	dos	dus
Far	fir	for	fur	fas	fis	fos	fus
Gat	nit	got	gut	gal	gol	gul	gar
Jat	jit	jot	jut	jal	jol	jul	jar
Lat	lit	lot	lut	lal	lol	lul	lar
Mat	mit	mot	mut	mal	mol	mul	mar

Bat naph loph phod phox thoph thyph.

MOTS.

Ar me, ac te, a zur, aph the; Ba nal, bor ne, bar be, bar que, bâ tir, bé nir; Ca nal, col za, cor ne, cal cul, cap tif; Dog me, du cal, dor mir, dor sal; E gal, é tal, é phod; Fa nal, for te, fi nal, for me, fa tal; Gar de, gol fe, gar nir; Jar nac, ja dis, ja lap; La rix, lar me, lo cal; mar di, mar tyr, mix te, mo tif, muph ti; Na tif, na dir, naph te; O ral, ordo, or me; Pac te, pal me, par tir, pé rir, phé nix, phébus; Quar te; Ré tif, ri val, ru ral; Si nus, six te, sor te, sor tir, sub til; Tal mud, tar dif, ta rif, te nir, tho rax, thyr se, to tal, ty phus; Vi tal, vo cal; Za phar, zé nith, zig zag.

A ni mal, a dop tif, a lar me, a miral; Bar ba re, bi gor ne, bi val ve; Ca pi tal, ca po ral, cap su le, car di nal, cur si ve; Dé mo lir, dé po lir, doc to ral, ductile; É pac te, é bê tir, é pho re; Factu re, for tu ne, fi xa tif; Gal ga le; I dé al, i né gal; Jar di nal; Lé zar de, la té ral, la xa tif, li bé ral, lu car ne; Mur mu re, mar mi te, mi né ral, martyre, mo nar que; Noc tur ne, no minal; Oc ta ve, ob te nir, or ga ne, optique, or bi te; Par ju re, por ti que, pur ga tif, por phy re, pu é ril; Quatorze; Ra di cal, re mar que, ré col te, rhu bar be; Sub ti le, sar di ne, sordi de, sar cas me, so phis me; Tac tique, tar ti ne, tor sa de, tor tu re; Vulga te; vir gu le.

Ac ti vi té, ad mi ra tif, a mal ga me, ar ba lè te; Bar na bi te, bul bi for me, buph thal mi que; Ca rac tè re, cap ti vi té, car mé li te, ca ta racte; Dic ta tu re, di mi nu tif, dogma ti que, do mi ni ca le; É car la te, é bar bu re, é cor nu re; Fa cul ta tif, fi gu ra tif, for ma li té; Gal va ni que; Lac ti fi que, lo co mo tif, lo ga rith me; Mé di ta tif, mo no cor de, mor bi fi que, mor ta li té, mul ti tu de; Nar co ti que; Oc ta cor de, oc to go ne, oph thal mique, or phe li ne, or tho do xe, or thogo nal; Pa ra dig me, pa ra do xal, parti cu le, phy lac tè re, pul mo ni que, py ra mi dal; Rhu ma tis mal; Sé para tif, si mul ta né, sub ti li té, sul fu-ri que; Théi for me, thé o lo gal, tar ta-ri que; U ni for me, ur ba ni té; Vul-ga ri té; Zé phi ri tis.

Ad ju di ca tif, a é ri for me, al pha-bé ti que, a rith mé ti que; Dé bar ca-dè re, dé li bé ra tif, dé no mi na tif; É car la ti ne, é car te lu re; Ga lac to-pho re, ga zé i for me; I nac ti vi té, i nap ti tu de, i nar ti cu lé; Lo ga rith-mi que; Ma nu fac tu re; Phar ma co-li the, phar ma co po le; Qua li fi ca-tif; Ré mé mo ra tif, ré mu né ra tif; Sar da na pa le, si mul ta né i té, sol-va bi li té; U ni for mi té.

V. — Sons simples représentés par plusieurs lettres. — Syllabes.

Avis. 1° Commencez par les voyelles *an*, *in*, *on*, *un*, *au*, *eu*, *ou*, *oi*, *oin*; elles sont indécomposables, car ces combinaisons représentent des sons simples; 2° les syllabes *our*, *bon*, *din*, *leur*, se décomposent ainsi : *ou r*; *b on*; *d in*; *l eur*;...

An in on un au eu ou oi oin
Ban bin bon bun bau bou boi boin

Can	Kin	con	cun	cau	cou	coi	coin
Dan	din	don	d'un	d'au	d'où	doi	doin
Fan	fin	fon	fun	fau	fou	foi	foin
Gan	lin	gon	gun	gau	goû	goi	goin
Jan	min	jon	jun	j'au	jou	joi	join
Kan	nin	kon	kun	kau	kou	koi	koin
L'an	pin	lon	l'un	lau	lou	loi	loin
Man	quin	mon	mun	mau	mou	moi	moin
Nan	reu	non	nun	nau	nou	noi	noin
Pān	seu	qu'on	pun	pau	pou	poi	poin
Quan	teu	pon	run	qu'au	rou	roi	roin
Ran	veu	ron	qu'un	rau	sou	soi	soin
San	zeu	son	sun	sau	tou	quoi	toin
Tan	beu	ton	tun	tau	vou	toi	voin
Van	deu	von	vun	vau	xou	voi	xoin
Zan	feu	zon	zun	zau	zou	zoi	zoin

Auf	aug	aul	aur	euc	euf	eul	eur
Ouf	oug	oul	our	oic	oif	oil	oir

Beur	peur	cour	pour	doir	roir	leuc
Deur	queur	dour	rour	foir	soir	neuf
Feur	reur	four	sour	goir	toir	seul
Jeur	seur	gour	tour	joir	voir	pouf
Keur	teur	jour	vour	loir	zoir	joug

Leur	veur	lour	zour	moir	sauf	coul
Meur	zeur	mour	boir	noir	vaur	soif
Neur	bour	nour	coir	poir	paul	poil
Phan	pheur	rheu	rhin	than	thou	

MOTS.

Acteur, afin, alun, amour, anse, an gar, a veu, a voir; Ba lin, bal con, ban de, ban doir, ban que, bâ ton, bé nin, bi jou, bon jour, bou quin, bo xeur; Can deur, ca non, can ton, car can, car ton, co quin, cou cou, cou reur; Dan din, dau phin, dé mon, de voir, din don, do reur, dor meur, dou leur, dan seur; Élan, émoi, étau, éteuf; Fac teur, fan fan, fa quin, fau te, fau teur, fau tif, fi lou, fon deur, four-mi; Gar deur, gau fre, ga zon, gou jon, gan se; Iman, In de; Jar din, ja lon, ja pon, jar gon, jas min, jau ne, jau-nir, jeu ne, jour nal; Ka bin; La beur, la bour, lan dau, lan de, la pin, la rynx, lou pe, li queur; Ma jeur, ma lin, matin, mâ tin, me lon, meu le, mon de, mou lin, mou ton; Nan kin, nan tir, neu ve, noi re, no teur; O deur, ondin, on ze, our dir, our sin, our son; Pa lan, par don, par loir, par leur; Pékin, pe pin, pin son, pi peur, piqueur, poi re, pour quoi; Quin tal, quin te, quin ze; Ra doub, ru meur; Sa lon, san té, sa pin, sa peur, sau le, sau veur, sa voir, sé jour; Tan te, tau pe, té moin, ti mon, ti roir, tour neur, ty phon; U nau; Va leur, vo leur, van teur, vau tour, vol can, vou loir, voû te; Zeug me, zir con; Bon soir.

A ban don, ab sin the, a ca jou, a ma dou, a man de, a qui lon, ar mateur; Bal da quin, ba ry ton, boutique, bour ga de; Ca ï man, ca pe lan, con cor de, con duc teur, con jonc tif, con ju gal, cour bu re, cou tu me; Débi teur, dé gour dir, de man de, de-man deur, de meu re, do loi re; É cou-teur, é meu te, é mon de, é mou voir, é pau le; Fa go teur, fan fa ron, fe-lou que, fé mi nin, fon da teur; Ga-be leur, ga lo pin, gour ga ne, gour-man de; In fi ni, in sul te, in ti me; Ja co bin, ja ve leur, jou bar be; Ka o-lin, kin ka jou; La bou reur, la mi-noir, la van de, le van tin; Ma ca ron, man da rin, man sar de, ma rau deur, mé moi re, mir li ton; Nau ti que, no-nan te, no toi re; Oc ta von, o ra teur, or phe lin, ou ra gan; Pa lan quin, pan ta lon, pan thé on, par fu meur, Pha ra on; Qua ran te, qui con que, quin qui na; Ra con teur, ra do teur, ra mo neur, re dou te; Sé can te, se-cou rir, sé ra phin, sou pa pe, syn-co pe, syn ta xe; Ta bou rin, ta ma rin, thé a tin, ton su re, tur bo tin, tour-lou rou; U té rien; Va ti can, van da le, vic toi re, voi tu re, vo lon té; Zé la-teur, zin zo lin.

A ba lour dir, an ti moi ne, an ti-po de, an ti qui té; Ban que rou te, bé né dic tin, bou di na de; Can tha-ri de, ca pi to lin, con fir ma tif, con-so la teur, con for mi té; Dé co ra teur, dé con fi re, di la ta teur, do mi nan te, do mi na teur; É cu moi re, é lé phan-tin, é lé va teur, é me rau de, é pou-van te, eu pho ni que; Fon ti cu le; I nau gu ral, in di ca tif, in di vi du, in fir mi té, in va li de, in ti tu lé; La-by rin the, lé ga toi re, li bé ra teur; Mé ri toi re, mo dé ra teur, mo ni-toi re, mon ti cu le; Na po lé on, nu-mé ra teur; O pé ra teur, o ra toi re; Pa ran thi ne, pé don cu le, pon ti-fi cal, pur ga toi re; Re con qué rir, ré for ma teur, ré gu la teur, ro ton-di té; San da ra que, sau ve gar de, syn ta xi que, syn thé ti que; Teu toni que, tour ma li ne; Vin di ca tif, vo mi toi re.

An ta go nis me, an ti co li que, an- ti phar ma que, an ti lo ga rith me, an ti mé lan co li que, an ti mé phy- ti que; Con fé dé ra tif, con so la toi re, con ti nu a teur, co o pé ra teur; Dé- con fi tu re, dé lé ga toi re, dé ro ga- toi re, Deu té ro no me, dé no mi na- teur, di la pi da teur; In dé lé bi le, in fi dé li té, in cor po ra li té, in dé- lé bi li té, in so lu bi li té; Ja cu la- toi re; La bo ra toi re; Ma ni pu la teur, man sué tu de; On du la toi re; Qua- li fi ca teur; Ré mu né ra teur; Sé pa ra- toi re, sy nan thé ri que, sy rin go- to me; Thé ra peu ti que; Vé ri fi ca- teur; A é ro nau te, mé lan co li que, ré mu né ra toi re.

VI. — Sons composés. — Syllabes.

ia ié iè io ui ian ieu
ion iou oui ial ior iol ieur

Bia bié biè bio bui bian bieu
Dia dié diè dio cui dian dieu
Fia fié fiè fio dui fian fieu
Lia jié liè lio fui lian sieu
Mia lié miè mio nui mian mieu
Nia mié niè nio jui nian nieu
Pia nié piè pio lui pian pieu
Rion piou roui rial miar riol rieur
Sion riou soui sial niar siol sieur
Vion siou toui vial piar tiol vieur
Xion viou boui bial riar viol xieur
Zion ziou coui dial siar ziol zieur
Phia phion thia thion rhui rhieu

MOTS.

A dieu ; Biè re, biar que, bui re ;
Ca ïeu, ca rié, ca viar, con fié, co pié,

cor dial, cui re, cu rial; Dé lié, diè te; É pial, é pié, é pieu, é tui; Fa nion, fé rial, fiè re, fi lial, fio le, fo lio; Foui-ne; Ga bion, ga ïac, ga lia, I lion; Jo-vial, juif, jui ve; La bial, la bié, lu eur, lui re; Ma nieur, ma nioc, ma rié, mé-dial, miau lé, mi lieu, moi tié, myo pe; O rion; Pa ria, pa rieur, pia no, pié té, pi tié, puî né; Ra dial, ra ïa, re fuir, ré jouir, re lieur, rui ne; Si rius, sol-fié, sui te, sui vi; Tia re, tiè de, tié dir, tié deur, tor sion, tui le; U nion; Vio-le, vian de, vio lir, va rié, vio lon, vior-ne; Yo le.

A mian te, an té rieur, an xié té, ar mo rial; Ba bio le, ba ïo que, bar-biè re, ba rio le, bé liè re, la Ba viè re; Ca no nial, co lo nial, con dui re, con-tor sion, cor niè re, cô tiè re; Dé cu-rion, dé dui re, dé fian te, dia co nal, dia go nal, dia pha ne, dia phan te, dou ziè me; É di fié, é mul sion, é panouir, é phial te, é va nouir; Fa tui-té, fi liè re, fi lia le, for ti fié; I dio me, i lia que; Jo via le; La bia le, la-niè re, li né al, Lé via than, lu miè re; Ma nia que, ma niè re, mé di a teur, mé dian te, mé mo rial, my ria de, my-ria re; Na ïa de, neu viè me, no ti fié, no ta rié; On ziè me, or niè re; Pa na-rion, pan tiè re, pau piè re, pé rio de, pi tui te, por tiè re; Qua li fié, quan-tiè me, quin ziè me; Ra dia le, ra-tiè re, ra ta fia, re cui re, ré dui re, ré u nion, ri viè re; Sa liè re, sou-piè re, sui van te, su pé rieur, sy no-vial, sy ria que; Ta niè re, ta riè re, té nui té, thé ria cal, thé iè re, tinc to-rial, tour biè re; Ul té rieur, u niè-me; Va cui té, va rian te, va rié té, via ti que, vi ca rial, vi dui té vo liè re, vi vi fié, vio la teur; Ya ta gan; Zo-dia que.

A mo dia teur, au mô niè re; Bandou liè re, bé a ti fié; Ca fe tiè re, ca-no nia le, con ti nui té, cor dia li té, cou tu riè re; Dé mo nia que, dé té-rio ré, dia go na le, dia to ni que, dic-ta to rial, diap no ï que; É pi niè re, é meu tiè re, é di fian te, é pau liè re; Four mi liè re, for ti fian te, fi lan-diè re, Gour di niè re; Jar di niè re, jour na liè re, jo via li té; La pi di fié, la van diè re; Ma ti niè re, mé mo-ria le, mé ri dio nal, mi nia tu re, mo ni to rial, mor ti fian te, mu ria-ti que, myo ti li té, my rio ny me; No-nan tiè me; Oc tan tiè me, o ra-to rio; Pa ne tiè re, pa rié ta le, pé-nul tiè me, pé pi niè re, pé rio di que, po lyo ny me; Qua ran tiè me, qua-tor ziè me; Ran cu niè re, re con dui-re, re con dui te, ré gu liè re; ré é di-fié, re nar diè re; Sé na to rial, si mo-nia que, so li di fié, sin gu liè re, sy no via le; Ta ba tiè re, tau piniè re; Ul té rieu re; Va rio li que, via bi li té, vic to ria le, vi van diè re, vi vi fian te; Zo dia ca le.

A mian to ï de, an té rio ri té, an ti-mo nia le; Dia pha né i té, dia pho ré-ti que, dic ta to ria le; É qui no xia le; I na lié na bi li té; Ma nu fac tu riè re, ma té ria li té, mé ri dio na le, mo ni-to ria le; Su pé rio ri té, in fé rio ri té; Va ria bi li té, in va ria bi li té.

VII. — Les trois combinaisons *ch, gn, ill.*

Avis. Ces combinaisons sont indécomposables, et se prononcent respectivement comme *cheu*, *gneu*, *ieu*, très-brefs.

Ch gn ill.

Syllabes.

Cha gna illa chan chou gnou illeu
che gne ille chin choi gnoi illou
ché gné illé chon gnan illan illoi
chè gni illi chun gnon illin cheul
cho gno illo cheu gneu illon cheur
chu gnu illu chau gnau illau choir

MOTS.

A che, a ille, an che, an ché, ar chal, ar che; Bâ che, ba chou, bâ illé, bailleul, bâ illeur, bâ illon, bê che, biche, bi gne, bor gne, bou che, bou illi, bou chon; Ché tif, che val, che veu, chi que, chy le, co gnac, co gné; Di gne, dou che, dou ille, dou illon, du ché; É choir; Fa illi, fa illir, fau ché, faucheur, feu ille, feu illé, fou ille, fourche; Gâ che, gâ cheur, gau ché, gauchir, ga gné; Ju ché, ju choir; Lâ che, li gne, lè che, lé ché, li gné, li gneul, lor gneur, lor gnon, lou che; Mâ ché, ma ille, ma illon, man che, man chon, mi gnon, mou che, mou cheur, mouchoir, mou illé, mou illoir; Ni che, ni ché, ni choir, nou ille; O gnon; Pa cha, pa gnon, pa ille, pa illeur, pa illon, pia illé, pia illeur, pi gnon, pio che, pio cheur, por che, po che, pou illé; Qui gnon; Ra illeur, ra illé, règne, riche, roche, rogne, rogneur, rou ille, rou illé, ru che.

A ché ron, a char né, a che té, a-che teur, a illa de, a gne lin, a li gné, a li gnoir, an dou ille, ar chi duc, ar-chi fou; Ba chi que, ba cho teur, ba-ta ille, ba ta illeur, ba ta illon, bé cho-té, bou chè re, bou char de, bou-illan te, bou illoi re, bû che ron, bar-bou illé, bar bou illeur; Ca che té, ca chout chou, ca gnar de, ca ille té, ca na ille, car tou che, ca pu chon, cha lou pe, cha ma illé, cha noi ne, char bou illé, cha ri té, char la tan, cha tou illé, chau miè re, chi ca neur, chu cho teur, cor ni che; Dé bau che, dé bau cheur, dé bou choir, dé bou-illir, dé fa illir, dé ma illé, dé ni cheur, dé pou ille, dé pou illé, dé rou illé, dé-ta illé, dé ta illeur, di gni té, dia chy-lon; É bau che, é bau choir, é bou-illir, é ca gne, é ca ille, é ca illé, é caillon, é char pe, é chau dé, é chaudoir, é che lon, é chi ne, é chi né, é cor cheur, é loi gné, é ma illé, é mailleur, é pa gneul, é par gne, é par gné; Fa illi te, fa rou che, feu ille té, feuille ton, feu illu re, fi gno lé, far fouillé, fu ta ille; Ga illar de, gar gou che, gar gou ille, ga zou illé; I gna re, i gno ré; Ja chè re; Lâ che té, li gni te, li ma ille, lor gna de, lu mi gnon; Sou illu re, sa li gnon, se ma ille, signa lé, si gni fié, sou li gné; Ta che té, ta illa de, té moi gné, te na ille, tira illeur, ton da ille, tou ra illon; Vachè re, va illan te, vi gne ron, vi gogne, vo la ille.

A cha lan dé, a gne li ne, al chi mique, an ti qua ille, ar che vê ché, arche vê que, ar chi du ché, a vi tailleur; Bou che tu re, bou illi toi re; Ca che mi re, ca co chy me, ca té chè te, ca té chis me, ca va gno le, cha ri va-ri, che ve lu re, chi mé ri que, chi que-nau de, co que lu che, co ra illè re; Ma-chi na teur, ma gna ni me, ma gné-ti que, ma gni fi que, ma li gni té, ma gné tis me, mo nar chi que, mon-ta gnar de; O gno niè re; Pi gno ra-tif; Quin te feu ille; Ra bou illè re, ra ga illar dir, ra vi ta illé, re lâ-chan te, ré pé ta illé, ré pu gnan te; Si gna tu re, si gni fian te; Va le-ta ille.

Ar chi dia co né, ar chi pa te lin, ca té ché ti que, dé chi que tu re, é chan ti gno le, é chau bou lu re, fa illi bi li té, ma chi a vé li que, ma chi ca toi re, ma gna ni mi té, ma ni ché is me, si gni fi ca tif, in fa illi bi li té.

VIII. — Consonnes composées. — Syllabes.

Bl	dr	gr	tr	sf	phl	spl
br	fl	pl	vr	sp	phr	squ

cl	fr	pr	sb	st	thr	scl
cr	gl	tl	sc	ps	sph	str
bla	dra	gra	tra	sfa	phla	spla
ble	dre	gre	tre	sfe	phle	sple
blé	dré	gré	tré	sfé	phlé	splé
blè	drè	grè	trê	sfè	phlè	splè
bli	dri	gri	tri	sfi	phli	spli
bro	flo	plo	vro	spo	phro	squo
bru	flu	plu	vru	spu	phru	squi
bran	flan	plan	vran	sfan	phran	squa
brin	flin	plin	vrin	sfin	phrin	sque
bron	flon	plon	vron	sfon	phron	squé
brun	fran	prun	vrou	sfun	thra	scla
cloi	frin	proi	sban	spoi	thre	scle
clou	froi	prou	sbon	spou	thré	sclé
cleu	frou	preu	sby	speu	thrè	scli
clau	frau	prau	sbou	spa	thry	sclu
crâ	glan	tlan	scan	ste	sphé	stro
cre	glin	tla	scon	sté	sphè	stra
cré	glon	tli	scau	stè	sphy	strê
crê	glou	tlo	scou	psy	sphin	stri
cri	gloi	tlu	scoi	psa	sphon	stru

MOTS.

Ar bre, â cre, an cre, an gle, an gloir, an thrax, an tre, a stic, a stre, a stral, a tlas, au stral, au tre, au trui, arthron; Bâ clé, bâ freur, ba sque, bastion, bi ble, bi squé, blan che, blancheur, blan chir, blê me, blo cus, blu toir, bou cle, bou clé, bran che, bran chu, bra ve, brè ve, bri de, bro che, bro cheur, bro deur, bron ze, brou illon, bru me, bru nir, bru tal, bru te; Câ ble, ca dran, ca dre, cancre, ca ste, ca stor, châ bleur, chagrin, chan vre, chè vre, che vron, chô mé, cla meur, cla que, clar té, clau stral, clo che, cloî tre, clou é, clou té, con gre, cou dre, cou ple, cou tre, cou vrir, cou vreur, cra be, cra queur, crê pe, cru che, cric-crac; Dé clin, dar tre, dia ble, dian tre, dou ble, dou bleur, dou blon, drogman, drô le, droi te, drou illé; Écran, é crou, ê tre ; Fa ble, fiè vre, fil tre, flan qué, fla sque, flé au, fleu rir, fleu ve, flic-flac, flo rin, flû te, fluxion, fran che, frau de, frau deur, frè re, frê le, fré mir, fri pon, fri re, froi deur, fron de, fron ton, fru gal, fru stré; Glan de, gla né, gla neur, gla pir, un glo be, la gloi re, le glou ton, le glou glou, le glu au, un goin fre, du gou dron, un gra de, le gra din, la gran de cu ve, un ton gra ve, le gra veur, un grê lon, la grè ve, la gran deur, un grou pe, de bon gru au; Join dre, un jon gleur, ju ste; ju squ'à Ro me, un La dre, u ne lè pre, le liè re; un bon livre, la li ste, un li tre de vin, un lou gre.

La Ma râ tre, le ma scu lin, la matro ne, le mi ni stre, le sy stè me métri que, un mi ra cle, de la mi tra ille, se mor fon dre, u ne mor ni fle, un mousque ton, u ne mou sta che, le mou-sti que, le mu lâ tre, un mul ti ple, le my stè re ad mi ra ble; Né fa ste, no ta-ble, na vran te; u ne li gne O bli que, u ne clar té ob scu re, un ob sta cle, le qua tre oc to bre, l'o ra cle di vin, l'or fè vre ou bli é; la Pa trou ille, l'ad mi ra ble pau vre té, il a pé né tré, la peu pla de, le pho spho re, le pi na-cle, u ne pi sto le, u ne pla nè te, du pla ti ne, un pau vre po da gre, la poi tri ne, le po lyè dre, la bar be po sti che, le pré cur seur, le pré toi-re, la pri è re, la pro bi té, le pro blè me, le pro cu reur, la pro fon deur, le psal-mi ste, il a psal mo dié, un psal té rion; un Qui pro quo; l'ar bre Ra bou gri, la râ clu re, ra gran dir, ra moin drir, re cou dre, re croî tre, ré flé chir, re-mor dre, u ne ré pli que, un re pro che, un ré prou vé; du Sal pê tre, un air sa lu bre, u ne in ju re san glan te, le

tri an gle sca lè ne, le cou pa ble scan-
da le, le scru pu le, le scru ta teur, le scru tin, u ne fi gu re si nis tre, le so-
phi ste, le sou scrip teur, la for me sphé ri que, u ne spi rale, un spo lia-
teur, la sta tu re, la sta ti que, la struc tu re, le su bli me, le sub stan-
tif; le Té trar que, le thé â tre, un bon tra duc teur, u ne la me tran-
chan te, tran scri re un mé moi re, un tra pè ze, un tra va illeur, le tri-
bu nal su prê me, l'an gle tri è dre, l'a do ra ble Tri ni té, le tro pi que du sud, le trou ba dour, u ne trou va ille, le Vi gno ble, le vi tri ol.

A bor da ble, un a bré via teur, ab sor ba ble, a cro li the, a cro sti che, a gré a ble, a gri co le, a gri cul teur, a lar mi ste, al chi mi ste, a na ly ste, a nar chi ste, a né vris me, an ti stro-
phe, a po stro phe, ar chi dia cre, l'ar-
chi tra ve, l'a spi ran te, un a sté ri sque,

un a stro no me, l'A tlan ti que, l'au-
sté ri té, l'au to cra te; la Ba lu stra de,
le ba ro mè tre, le bla sphé ma teur,
u ne gran de bri è ve té, la bru ta li-
té; le tro pi que du Ca pri cor ne, le ca-
ta plas me, la re dou ta ble ca ta stro-
phe, l'an ti que ca thé dra le, la ca top-
tri que, u ne chan te pleu re, l'â me
cha ri ta ble, la clé ma ti te, le con sé-
cra teur, un con si stoi re, un con spi-
ra teur, un bé mol con sti tu tif, le con-
tra dic teur, le con tre fac teur, la con-
tre-mar che, le con tre-or dre, le cos-
mo gra phe, la cré ma illè re, le cré-
pu scu le, le cro co di le; le Dé ca mè-
tre, le dé ca li tre, le dé ca stè re, un
dé cla ma teur, u ne dé cré ta le, un dé-
mo cra te, un mal dé plo ra ble, un vo-
lu me di la ta ble, un di plo ma te, le
di stri bu teur; l'É chan cru re, l'é-
clip ti que, l'é cré moi re, l'é cri tu re,
l'é cri va illeur, u ne é plu chu re; la

Fa bri can te, le fa bri ca teur, le fa-bu li ste, un ê tre fan ta sti que, le jour fa vo ra ble, la flu i di té, u ne fon dri è re, un fré né ti que, la fru ga li té; un Ga stro no me, le gra pho mè tre, la gra ti tu de, u ne gre nou illè re, la gri è ve té de sa fau te; un I do lâ tre, un mal in-cu ra ble, l'in sti ga teur, l'â me in-gra te, in tri gan te, l'in tré pi di-té, la va leur in trin sè que, l'in tro-duc teur, le lieu in vio la ble; le Jan sé ni ste; un Ki lo mè tre, un ki lo li tre; un La ti ni ste, un li-tho gra phe.

Un Ma té ria li ste, l'a ni mal mi cro sco pi que, le mul ti pli can-de, le mul ti pli ca teur; le Na tu-ra li ste; un bon O phi clé i de, u ne gran de o pi niâ tre té, l'or tho-gra phi ste, un plan or tho gra phi-que; un é lan Pa tri o ti que, le patri o tis me vé ri ta ble, la pé né-tra bi li té, le zè le phi lan thro pi-que, l'é co le pré pa ra toi re, la pré-ro ga ti ve, la pro ba bi li té, u ne con dui te pro blé ma ti que; u ne é tu de Ré cré a ti ve, la re pro-duc ti bi li té; le Sa cri fi ca teur, la gran de sa cri fi ca tu re, la spon ta-né i té, l'é cri tu re sté no gra phi-que; u ne dé pê che Té lé gra phi-que, un plan to po gra phi que, u ne li gne tri go no mé tri que; un pro-blè me U ra no gra phi que.

CARACTÈRES ITALIQUES.

a b c d e f g h i j k l m
A B C D E F G H I J K L M

n o p q r s t u v x y z
N O P Q R S T U V X Y Z

IX. — ARTICULATIONS FINALES NULLES.

AVIS. — Ces finales ne sont pas également nulles : l'*e* muet final, placé après un *é* fermé, allonge le son de celui-ci, comme dans *la fumÉE*, *une portÉE*, *une dictÉE*... Il en est de même de *x* final, à l'égard du son simple *eu;* exemples : *des jeUX*, *des feUX*, *des cheveUX*...; de *s* à l'égard de *o*, *a;* exemples : *repoS*, *repAS*, *deux moTS*....; — Jusqu'à nouvel avis, les lettres nulles seront *italiques* (*).

L'Ar*t*; le Ban*c*, un ba*s*, un cheval de bâ*t*, le blan*c*, la cou leur bleu*e*, un blon*d* do ré, un bon*d*, le bor*d*, la bou*e*, au bour*g*, au bou*t*, mon bra*s*; le qua tri è me Ca*s*, le chan*t* a gré a ble, du cha*s*, le bon cha*t*, du chau*d*, de la chau*x*, un bon choi*x*, un jar din clo*s*, un bon cou*p*, un cour*s* de la tin, un bâ ton cour*t*, un chê ne creu*x*, la croi*x*; Dan*s* deu*x* jour*s*, un dar*d*, vo tre do*s*, du dra*p* fin, le dou*x* Sau veur, le bra*s* droi*t*,

(*) Une consonne finale, quoique nulle dans un mot isolé, se fait ordinairement sentir sur la voyelle qui commence le mot suivant, lorsque le sens ne permet pas de pause entre les deux mots; et, dans ce cas, la finale ne sera pas italique. Ainsi, nous écrirons : « Nous travaillon*s* san*s* cesse, » et : « Nous avons été laborieu*x*. »

il a par lé pour eu*x*, san*s* far*d*, un faux jour, u ne fé*e*, lè flan*c*, le flo*t*, le flu*x* de san*g*, le foi*e*, u ne foi*s*, le fon*d*, le for*t* ar mé, un fran*c*, le fron*t* ri dé, le frui*t* mûr, un fû*t* de vin; un Gan*t*, un glan*d*, le gla*s* fa tal, le gon*d* de la porte, le bon goû*t*, le gran*d* che min, le grè*s*, un gro*s* bâ ton, u ne gru*e*, il*s* son*t* rui né*s*, no*s* jeu*x*, no tre joi*e*, du jon*c*, la jou*e*, du lar*d*, leur*s* dor toir*s*, de la li*e*, u ne lieu*e*, un bon li*t*, un long jour, mon lo*t*, un lou*p*, le gran*d* mâ*t*, de la mi*e*, midi moins un quar*t*, dan*s* troi*s* moi*s*, le mon*t* Blan*c*, u ne mor*t* su bi te, un bon mo*t*, un mui*d* de blé, u ne nué*e*, un ni*d* de pi*e*.

Ê tre aux a boi*s*, de pri me a bor*d*, un a bu*s* cri an*t*, un bon a cha*t*, no*s* bons a ïeu*x*, de l'a jon*c*, de l'a-ni*s*, a prè*s* eu*x*, un frui*t* a queu*x*, l'a thé*e*; par*s* a van*t* nou*s*; ton a vi*s*, va à bâ bor*d*; un ban dit, un ba ri*l*, un bâ tar*d*, un ba var*d*, u ne bé vu*e*, du bi scui*t*, un ca rac tè re bouillan*t*, de la bou illi*e*, du brou illar*d*, un bran car*d*, u ne bre bi*s*, un bri gan*d*, un ca cho*t* brû lan*t*, un cal man*t*, un che val ca mu*s*, le car quoi*s*, le vieu*x* cha lan*d*, un cha rio*t* neuf, un ar*t* char man*t*, le char treu*x* vénérable, la chi mi*e*, le cli ma*t*, la co gné*e*, u ne co pi*e*, un con cour*s*, le con grè*s*, le con scri*t*, l'a mour con stan*t*, u ne cor vé*e*, le cou chan*t*, la cou dé*e*, le cou ran*t*, pri*x* coû tan*t*, du cou ti*l*, un cra cha*t*, un cra pau*d*, le cu rieu*x*, le dé ba*t*, le dé bi*t*, un dé fau*t*, un dé fun*t*, le dé gâ*t*, le dé goû*t*, le de dan*s*, le dé li*t*, le dé par*t*, le dé pi*t*, de puis deu*x* jour*s*, un dé troi*t*, un devan*t* de che mi né*e*, un de vi*s*, un diaman*t*, u ne dic té*e*, le di scour*s*, le dor man*t*; un é car*t*, un é. cla*t*, l'é-cri*t*, l'é di*t*, l'é gar*d*, l'é pé*e*, l'é tang, l'é ta*t* su bli me, l'é troi*t* che min; le jour fâ cheu*x*, un pe ti*t* fa go*t*, un fa meu*x* sa van*t*, un feu illar*d*, un fi nau*d*, u ne fo li*e*, un gran*d* for ma*t*, un fou lar*d*, du fra ca*s*, un fri an*d*, le fri ma*s*, u ne fu ri*e*; du gâ chi*s*, un gran*d* ga illar*d*; u ne souri*s*, un sour noi*s*, u ne sta tu*e*, un sta tu*t*, il se ra stu dieu*x*, le surcroî*t*, le sur plu*s*, un sur si*s*; le taillan*t*, le ta lu*s*, le ta mi*s*, le ta pi*s*, un ta rau*d*, la te nu*e*, la tor tu*e*, il trava ille tou jour*s*, le che min tor tueu*x*, u ne tou pi*e*, no*s* jeu*x* tour noi*s*, le tran spor*t*, la tré mi*e*, le tré pa*s*, le tri bu*t*, le tri co*t*, le tri po*t*, un turbo*t*; l'é vê ché va can*t*, le van tar*d*, du ve lour*s*, no*s* vê pre*s*, no*s* vitrau*x*, l'a ni mal vi van*t*, la voi ri*e*.

L'a ba*t*-jour, l'a ba*t*-voi*x*, l'a brico*t*, il*s* sont a bri té*s*, un ab sor ban*t*, l'a go ni*e*, le pro grès a lar man*t*, l'a nar chi*e*, u ne â ne ri*e*, l'a pathi*e*, l'a phé li*e*, un a po sta*t*, un arcbou tan*t*, nos ar chi ve*s*, l'a sphy xi*e*, l'a thé né*e*, l'au top si*e*, l'a van*t*-bra*s*, l'a van*t*-quar*t*, u ne a va ri*e*, u ne a ve nu*e*, un grand a vo ca*t*; le boule var*d*; le ca de na*s*, le ca li co*t*, le ca me lo*t*, un can di da*t*, du vin capi teu*x*, le cho co la*t*, le cli que ti*s*, le co lo ri*s*, la co mé di*e*, un concor da*t*, un gran*d* con qué ran*t*, un a vi*s* con so lan*t*, le con su la*t*, u ne fiè vre con ti nu*e*, un co ry phé*e*, u ne cro que ri*e*, le poin*t* cul minan*t*; un dé bi tan*t* de ta bac, un ca dran dé cli nan*t*, le goû*t* dé lica*t*, le dé lin quan*t*, le dé ta illan*t*, un lion dé vo ran*t*, le dia co na*t*, un di scré di*t*, le goû*t* domi nan*t*; l'é chafau*d*; l'é cha la*s*, le ti gre é cu man*t*, u ne é cu ri*e*, un sty le é lé gan*t*, un fu rieux é lé phan*t*, l'a ni mal vé ni meu*x*, l'ar bu ste vé né neu*x*, le vi ca ria*t* a po sto li que, un bra*s* vi gou reu*x*, u ne vi le nie.

Un a é ro sta*t*, l'al ti mé tri*e*, l'a-no ma li*e*, l'an ti pa thi*e*, su bli me a po sto la*t*, l'a près-mi di, l'au to-gra phi*e*, un ca no ni ca*t*, le car di-na la*t*, u ne ca té go ri*e*, l'é co no-ma*t*, l'é co no mi*e*, l'é pi dé mi*e*, l'é-pi sco pa*t*, la ga stro no mi*e*, l'i do-lâ tri*e*, l'i gno mi ni*e*, l'ac te i gno-mi nieu*x*, un in dé li ca*t*, l'in fan-te ri*e*, un soin in qui é tan*t*, un in-to lé ran*t*, la li tho gra phi*e*, u ne lo xo dro mi*e*, la mo no to ni*e*, la mé o mé ni*e*, l'ar bu ste o do ri fé-ran*t*, l'or tho do xi*e*, le goût pré do-mi nan*t*, mon pré o pi nan*t*, le pou-voir pré pon dé ran*t*, son pro con-su la*t*, la ra do te ri*e*, le sous-dia-co na*t*, le sta t*h*ou dé ra*t*, la sté no-gra phi*e*, la sy no ny mi*e*, la ta chy-gra phi*e*, la to po gra phi*e*, le brui*t* tu mul tu eu*x*, la ty po gra phi*e*, la zo o gra phi*e*; l'a ré o mé tri*e*, un al mi can ta ra*t*, la sté ré o gra phi*e*, la sté ré o ty pi*e*, la tri go no-mé tri*e*. — Au*lx*, cor*ps*, doi*gt*, fau*lx*, fi*ls*, fon*ds*, fon*ts*, la*cs*, go*th*, o stro-go*th*, poi*ds*, al ma na*ch*, a mi*ct*, ga-sfo*ts*.

Je join*s*, tu join*s*, il join*t*, nou*s* joi-gnon*s*; nou*s* joi gnion*s*; je joi gni*s*, tu joi gni*s*, il joi gni*t*, nou*s* joi gnî-me*s*, vou*s* joi gnî te*s*; tu a*s* join*t*, il a join*t*, nous avon*s* join*t*, ils on*t* join*t*, il*s* son*t* join*ts*, ils ont été join*ts*; je fu*s* join*t*, tu fu*s* join*t*, il fu*t* join*t*, nou*s* fû me*s* join*ts*, vou*s* fû te*s* join*ts*; tu join dra*s*, nou*s* join dron*s*, il*s* join-dron*t*; tu au ra*s* join*t*, nous au ron*s* join*t*, ils au ron*t* join*t*, il*s* se ron*t* join*ts*; nou*s* join dri on*s*, nous aurions joint, nous se rions joints ; il faut qu'il joi gne sa pro pri é té à la nô tre.

J'é cris, tu é cris, il é crit, nous é-cri vons; nous é cri vions; j'é cri-vis, tu é cri vis, il é cri vit, nous é-cri vî mes, vous é cri vî tes; tu as é-crit, il a é crit, nous a vons é crit; ils ont é crit; nous a vions é crit, ils sont é crits ; tu é cri ras, nous é cri-rons, ils é cri ront ; tu au ras é crit, nous aurons é crit, ils au ront é-crit, ils se ront é crits ; nous é cri-rions, nous au rions é crit; il faut qu'il nous é cri ve a vant quin ze jours.

Je bois, tu bois, il boit, nous bu-vons ; nous bu vions ; je bus, tu bus, il but, nous bû mes, vous bû tes ; tu as bu, nous a vons bu, ils ont bu ; nous a vions bu ; tu boi ras, nous boi rons, ils boi ront ; tu au ras bu, nousa u rons bu, ils au ront bu; nous boi rions, nous au rions bu; je veux qu'il boi ve, quand il a soif.

Je prie, tu pries, il prie, nous prions; nous pri ions; tu pri as, nous pri â mes, vous pri â tes; tu as pri é, nous a vons pri é, ils ont pri é, ils sont pri és, ils ont é té pri és; nous a vions pri é, nous a vions é té pri és; tu prie ras, il prie ra, nous prie rons, ils prie ront, nous prie rions; nous aurions pri é, si nous n'a vions pas dormi.

X. — La lettre H est muette, ou elle est aspirée.

1° Elle est muette dans

*H*é bé, *h*é breu, *h*é dra, *h*é lix, *h*eu re, *h*ia tus, *h*ô te, *h*ui le, *h*ui lé, *h*u meur, *h*u mus, *h*ya lin, *h*y dre, *h*yé mal, *h*yè ne, bo n*h*eur, ma l*h*eur, c*h*lo re (*), c*h*rê me, c*h*ro me, *h*é las, *h*a bit, *h*eu reux, *h*o stie, *h*ui leux.

(*) La lettre *h* est nulle dans *ch* toutes les fois qu'elle est suivie d'une consonne.

*H*a bi le, *h*a bi té, *h*a bi tué, *h*ar-mo ni*e*, *h*é bé té, *h*é lian t*h*e, *h*é-lia que, *h*é li con, *h*é lo de, *h*é par, *h*é ri té, *h*i loi re, *h*i stoi re, *h*i sto-rial, *h*i sto rié, *h*i stri on, *h*o no ré, *h*ô pi tal, *h*o ri zon, c*h*ro ni queur, ic*h* neu mon, i n*h*u mé, Jé *h*o va*h*, *h*abi tan*t*, *h*ar mo ni eu*x*, ma l*h*eu-reu*x*, *h*o mé li*e*.

*H*a bi le té, *h*a bi li té, *h*a bi ta ble, *h*a bi ta cle, *h*a bi tan te, *h*a bi tu de, *h*a li gour de, *h*ar mo ni ca, *h*ar mo-ni que, *h*ar mo ni ste, *h*é bra ï que, *h*é bra ïs me, *h*é lio mè tre, *h*é mip-tè re, *h*é mi sphè re, *h*é mi sti che, *h*é ral di que, *h*é ré di té, *h*é ré ti-que, *h*é ri tiè re, *h*é ro ï ne, *h*é ro ï-que, *h*é ro ïs me, *h*ié ro gly phe, *h*i-la ri té, c*h*ro ma ti que, c*h*ri stia-nis me, c*h*ro no gra phe, c*h*ro no-mè tre, co c*h*lé a ria, i n*h*a bi le, i n*h*a bi té, *h*o mo ny mie, *h*o no-gra phi*e*, *h*y dro gra phi*e*, *h*y dro-mé tri*e*, *h*y gro mé tri*e*; *h*an sé a ti-que, *h*ar mo ni cor de, *h*ar mo no-mè tre, *h*é mi sphé ri que, *h*é té ro-do xe, *h*é té ro dro me, *h*ié ro gly phi-que, *h*i sto rio gra phe, *h*o no ri fi-que, *h*or ti cul tu re, *h*o spi ta liè re, *h*y dro c*h*lo ra te, *h*y dro c*h*lo ri que, *h*y dro dy na mi que, *h*y dro gra phi-que.

2° La lettre H est aspirée dans

Har*t*, hau*t*, heur*t*, hi*e*, hor*s*, hou*e*, hou*x*, hu*e*; hâ blé, hâ bleur, ha che, ha ché, ha choir, ha illon, ha ïr, hal-bran, hâ le, hâ lé, ha lé, ha leur, ha lin, ha lo, ha loir, hal te, han-che, han té, har di, ha ro, har pe, har pin, har pon, hâ te, hâ té, hâ-teur, hâ tif, hau ban, hau te; hau-teur, hâ ve, ha vre, hè re, hé ron, hê tre, heur té, heur toir, hi bou, hi deur, ho che, ho gné, ho là, hongre, hon te, hor de, hou blon, houille, hou le, hou illeur, hou re, houri, hu che, hu lan, hu mé, hu ne, hu re, hur lé, hur leur, ha chi*s*, hagar*d*, ha lo*t*, ha ra*s*, har de*s*, hargneu*x*, hau*t*-fon*d*, har pi*e*, hau*t*-boi*s*, hau*t*-bor*d*, hé ro*s*, hi deu*x*, ho mar*d*, hon teu*x*, hor mi*s*, hou illeu*x*, houleu*x*, hour di*s*.

Ha chu re, ha gar de, hal bre né, har na ché, har na cheur, hâ ti ve, ha ve ron, ha vre-sac, heur te quin, hou illè re, hou ra illé, hour va ri, hui tiè me, s'é ba hir, hâ ble ri*e*, hale-ba*s*, ha le tan*t*, ha ri co*t*, ha chepa ille, ha le tan te, ha lieu ti que, hâti ve té, hau be lo ne, hau te-ta ille, hau tu riè re, hou le vi che.

XI — Quelques petites Phrases.

A do re Dieu, qui t'a cré é pour

lui ; é cou te sa pa ro le. Mon frè re a chan té un can ti quе à la gloi re de Dieu, l'Ê tre su prê me. Le bon pè re se ra bé ni de Dieu. L'é co-no me fi dè le é prou ve ra la vé ri té de la pa ro le du Sau veur du mon-de. La vé ri té se trou ve à la fa-veur de la lu miè re di vi ne. Le pé-ché se ra pu ni : il mé ri te de l'ê tre. Le Di man che, jour con sa cré à Dieu d'u ne ma niè re par ti cu liè re, se ra pour moi un jour où mon â me, à la fa veur de la pri è re, se con so le ra un peu d'ê tre si loin du sé jour de la Di vi ni té.

Mon père a travaillé pour moi : mon amour sera pour lui. Le bon élève prospèrera. Notre vénérable père jouira du bon*h*eur que lui mérite son amour constan*t* pour la probité. Si nou*s* voulon*s* que notre étude nou*s* soi*t* profitable, travaillon*s* pour Dieu ;

que notre volonté soi*t* toujour*s* conforme à la doctrine du Sauveur : alor*s*, no*s* jour*s* nou*s* seron*t* d'une utilité infini*e*. Mon fi*ls*, écoute la parole de ton père ; que ton bon*h*eur consiste à lui obéir. LA FOI NOUS DIT QUE DIEU A CRÉÉ LE MONDE ; QUE NOTRE AME NE PEUT MOURIR ; QUE NOUS SERONS, APRÈS NOTRE VIE, TOUJOURS HEUREUX, OU TOUJOURS MALHEUREUX, SELON QUE NOUS AURONS VÉCU POUR DIEU, OU POUR LE DÉMON. LA MORT NOUS RÉUNIT A NOS AÏEUX, NOUS SÉPARE DE NOS AMIS VIVANTS ; QUE NOUS SERONS HEUREUX ALORS, SI NOUS AVONS ÉVITÉ LE PÉCHÉ !

SECONDE PARTIE.

Irrégularités.

I.

Le son *é* se représente aussi : 1° par *ai* à la fin de certains mots précédés de *je* ou de *j'*, ou de *moi qui* ; 2° par *ez* à la fin de certains mots précédés de *vous*, ou de *vous qui*; 3° par *er* à la fin d'un grand nombre de mots de plusieurs syllabes; 4° par *ed* à la fin de quelques mots : *pied, trépied.* — La conjonction (*et*) composée des deux lettres *e, t,* se prononce aussi *é*.

Je pri ai, je pri*e* rai, vou*s* pri ez, vou*s* pri iez, vous a vez pri é, vous a viez pri é, vous au rez pri é, vous au riez pri é, vou*s* pri*e* rez, vou*s* pri*e*-riez. — J'a do rai, j'a do re rai, j'ai a do ré, j'aurai a do ré, vous a do rez, vous a do riez, vous a vez a do ré, vous a viez a do ré, vous au rez a do ré, vous au riez a do ré, vous a do re rez, vous a do re riez. — Je chan tai, je chan te rai, j'ai chan té, j'au rai chan té; vou*s* chan tez, vou*s* chan tiez, vous a vez chan té, vous a viez chan té, vous au rez chan té, vous au riez chan té, vou*s* chan te rez; vous chan te riez, si vous saviez chan ter.

J'ab di quai, j'a bor dai, j'a che vai, j'ad mi-rai, je ba di nai, je ba var dai, je bor nai; je boi-rai, je fi ni rai, je dirai, j'é cri rai, j'é tu die rai, je pu ni rai, je bor ne rai, je bou illi rai, je cho-que rai, je cra che rai, je cloue rai, je clou te rai, je me mor ti fie rai; vous li rez, vous ju rez, vous sor tiez, vous dor miez, vous pu ni rez, vous join-drez, vous boi rez, vous ju ge riez, vous cap ti-viez, vous gran di rez, vous dé bi te rez, vous boi riez, vous cap ti vez, vous ré pan dez, vous van tiez, vous por te rez, vous co gne riez, vous con tri bue rez, vous crie rez, vous é choue rez, vous dé joue rez, vous dé pou illez, vous re mue-riez, vous vous sa cri fie rez.

L'a bri co tier, et l'a man dier; l'ar ba lé tier, a bor der un ar cher, pré pa rez l'a rê tier, ve-nez chez l'ar mu rier; le bar bier, et le ba te lier; le bau dri er, le gau fri er, le bé lier, le bla tier: le bou cher, et le bri ga dier; le bû cher, le ca ba re tier, et le bon bour sier; le ca fier, le ca *h*ier, le de nier, le bon é bé nier, le grand é-cha lier; l'é co lier stu dieu*x*, et le di scours fa-mi lier; l'ar bre frui tier, le vin*gt* fé vri er, le brave gre na dier, le pe ti*t* gre nier, l'a vi de *h*é ritier, le gran*d* hu nier, le zé lé in fir mier; l'*h*abi le jar di nier, et le pau vre jour na lier; un bon li mo nier, un for*t* ma drier, un vieu*x* mari nier, le toi*t* *h*o spi ta lier, le meu nier fi dè le, u ne bran che d'o li vier, l'ou ti*l* de l'ou vri er, le pied du pal mier, du peu plier, et du pê cher; un gran*d* pa nier, du pa pier blanc, le pa trimoi ne par ti cu lier, le jeu ne pru nier, le psautier de Da vid, le pre mier quar tier, le cour*s* ré gu lier, le vieu*x* rou tier, l'in si pi de rou tinier; le rou lier, le sa bo tier, le sau nier, et le sa ve tier; le sé cu lier, le phé no mè ne sin gulier, un mé chan*t* sou lier, le ta bli er neuf, le bra ve trou pier, le pe ti*t* vi vier; j'é tu die rai vo lon tier*s*. Je me sui*s* dé mi*s* le pied droi*t*; nous a vons a che té un pe ti*t* tré pied, et un jo li marche pied.

Dans les mots suivants, *er* final se prononce *ère*.

A mer, à tra vers, au ster, au tra ver*s*, le traver*s*, a vant-*h*ier, ca t*h*é ter, cher, de vers, diver*s*, l'é t*h*er, le fer, le fier sa xon, glau ber, je trava illai *h*ier, le froi*d* de l'*h*i ver, le li ber, du mâche fer pi lé, un bon Pa ter, à Ne ver*s*, la hau te mer, le Nié per, l'O der, le ry der, un tiers, l'u-ni vers, le pe tit ver.

II.

Le son *è* se représente aussi : 1° par *ai*, *ei*, *ay*, *ey*, *et*, *ait*; 2° par *ais*, à la fin de beaucoup de mots ; 3° par *e*, quand cette lettre est suivie de *x*, ou de deux articulations (*), ou des articulations finales *c*, *f*, *l*, *m*, *t*; 4° par *es*, *est*, dans les mots : *mes*, *ses*, *les*, *des*, *tu es*, *il est*.

Ab jec te, ab strait, ac tuel, ad jec tif, ad ver be, ad ver sai re, ad ver si té, a gne let, ai de, un ai-gle fier, un fruit ai gre, un an gle ai gu, no tre ai-ma ble Sau veur, mon frè re aî né, un bon air, u ne vi ve a ler te, un vers a le xan drin, la gran de a mer tu me, l'a nec dote é di fian te, u ne a po-ple xie, un va ste ar chi pel, un *h*a bi le ar chi-tec te, l'ar chi tec tu re go t*h*i que, le sang ar té-riel, un a sper soir, u ne au naie, l'au tel et le trô ne; un ba lai, u ne ba lei ne, un ba lei nier, le ban quet, un bau det, un bec cro chu, le bel vé dè re, nos be stiau*x*, un bey, un jo li bi det, l'a rit*h* mé ti que bi nai re, un pe ti*t* bou-let, un char man*t* bou quet, le bri quet, un bro chet, le ca ba ret, le ca bi net, le ca bri o let, un ca chet, le ca det, le mon*t* Cal vai re, la ca ver-ne, la chaî ne, le cha pe let, u ne châ tai gne, la

(*) Dans presque tous les mots qui commencent par *ress*, l'*e* reste muet, et le premier *s* est nul.

châ tai gne rai*e*, le châ te let, le chef, le che va let, la clai*e*, la clai re-voi*e*, le clai ron, le cla pet, mes con jec tu re*s*, no tre con ser va toi re, le fait con-te sta ble , un cha grin con ti nuel, le pied con-tre fait, le cou plet, tes cou vert*s*, ses cro chet*s* ; il est dé chaî né, il a fait u ne dé cou ver te, un mau vai*s* su jet, un ri re dé dai gneu*x*, il s'est dé lec té , il se dé lec tait, le de stin, la de sti-né*e* , le de struc teur , le dé ter mi na tif, le dé-te sta ble for fait , le dey d'Al ger, la do me sti-que , le re spec ta ble er mi te , l'e sca dre re dou-ta ble , l'é per vier , l'é pai*s* ba ta illon , l'e sca-lier tour nan*t* , l'e scla ve a bru ti , le bel e spa-lier, le fier e spa gnol , le ton ex cla ma tif; sa fier té a é té hu mi lié*e* ; la su per be fon tai ne ; le mé pri*s* for mel , l'é ter nel ou bli , un gan te-let, mon go be let , le gra duel; il é tu di*e* le grec, un mal *h*a bi tuel , u ne hai*e*, u ne hai ne in vé té ré*e* , u ne hai re, u ne *h*a lei ne, le har-nai*s*, l'*h*ec ta re, l'*h*ec to li tre , l'*h*ec to mè tre , la ré pu bli que *h*el vé ti que , un *h*ep ta go ne , l'*h*ep tar chi*e*, u ne *h*er be ver te, l'a ni mal *h*er-bi vo re, le cha noi ne *h*o no rai re , l'*h*ô tel con-ve na ble, la vi*e* *h*u mai ne, l'ê tre in cor po rel, le pro blè me in dé ter mi né, l'in dex, la preu ve in di rec te, la per te i ne sti ma ble, le fait i nex-pli ca ble, la dou leur i nex pri ma ble, le vou-loir in fer nal, la vo lon té in fle xi ble, le la za-ret, le lec teur fait la lec tu re, le quel vou lez-vous? le le xi co gra phe, la le xi co gra phie, le li ber tin fuit la lu miè re, les grands lu mi nai res, le glo be lu nai re, le mois de mai, les jours mai gres, un ma illet de fer, no tre mai rie, un bon ma nuel, le ma rais sa lant, un mar ti net, le mer le, un mau vais su jet, le mer cre di, la mé tai rie, l'hi stoi re mo der ne, un ex trait mor-tu ai re, un char mant mo tet, le su per be mu let, il est niais, le sy stè me ner veux, fai re u ne neu vai ne, con sul ter le no tai re; l'ob jec tif est tour né vers l'ob jet; l'o cu lai re est à l'au tre ex tré mi té de la lu ne tte.

Un our let, u ne ou ver tu re, paî tre les bre-bis, con clu re u ne paix du ra ble, le pa lais é pi-sco pal, le di vin Pa ra clet, le toit pa ter nel, la croix pec to ra le, u ne pei ne in fi nie, un bon pei gne, la per drix; le per fi de et ses per fi-dies di spa raî tront; u ne gran de per ple xi té, les per sé cu teurs, le pi sto let, u ne plaie sai-gnan te, un sy stè me pla né tai re, u ne va ste plai ne, u ne fi gu re plei ne, u ne jo lie perspec ti ve, le bruit po pu lai re, le por trait, l'é toi le po lai re, la ver te prai rie, le ri tuel, le pre sby tè re, le pré tex te, l'é co le pri mai re, le pro tec to rat, u ne que stion, un point quel-con que, quel que fois on est lâ che, u ne quin-zai ne de quin quets ; il a fait u ne raie a vec l'on gle ; un tri an gle rec tan gle, u ne pé ni ble ré fle xion, le tri ste re gret, le re spec tà ble pè re, la re trai te pro chai ne, l'a vis sa lu-tai re, le sca pu lai re ; le sec et le frais sont con trai res ; le sei gle, le Sei gneur, le droit sei gneu rial, la sei gneu rie, le sei ziè me siè-cle, le so li tai re, l'au to ri té sou ve'rai ne, le spec ta teur, le ta ber na cle, le ta bou ret, le tri o let, le bruit u ni ver sel, le pé ché vé niel, un ver be pro no mi nal, le ver ti cal de l'a stre, le ve stiai re, le vi nai gre, un bon vo ca bu-lai re.

Je chan tais, tu chan tais, il chan tait, je chan te rais, tu chan te rais, il chan te rait ; j'a-do rais, tu a do rais, il a do rait, j'a do re rais, tu a do re rais, il a do re rait ; j'é tais, tu é tais, il é tait ; je se rais, tu se rais, il se rait ; j'a-vais, tu a vais, il a vait ; j'au rais, tu au rais, il au rait ; je bé ni rais, tu ba var de rais, il pu ni rait ; je bi squais, tu bu vais, il bâ illait ; je brou ille rais, tu brou te rais, il brû le rait ; je cal cu lais, tu cal quais, il cha ma illait ; je châ ti*e* rais, tu chi que rais, il ché ri rait ; je cha tou illais, tu che mi nais, il chi ca nait ; je con dui rais, tu lui con fi*e* rais le soin de ta for tu ne.

A dre sser u ne le ttre, me ttre u ne a dre sse ; vo tre al te sse, l'ar chi du che sse, u ne ba gate lle, u ne ban de le tte, la ban que tte, la be lle é tre nne, u ne be tte ra ve, u ne bou le tte, u ne bre te lle, la brou e tte, la bu re tte ; la cache tte, la cla ri ne tte, la pei ne cor po re lle, u ne cô te le tte, du cre sson, la dé e sse, la déli ca te sse, l'â me cru e lle, le de ssin, le de ssina teur, le de sser van*t*, la dé tre sse, le déte rreur, le dé ver soir, u ne dia ble sse, u ne dou ille tte, la du che sse, l'é cue lle, la du ne tte, les é crou e lle*s* ; la vi*e* é ter ne lle, la be lle expre ssion, la fai ble sse ex trê me, le ma ré chal fe rran*t*, la fi ne sse du re nar*d*, la gre ffe, le bo n*h*eur i ne ffa ble, u ne har die sse sur prenan te, u ne *h*i ron de lle, l'*h*i sto rie tte, l'indie nne, la jeu ne sse, la ju ste sse, la maître sse, la gran*d'* me sse, la mie nne, la tie nne, la sie nne, les mou che ttes, la na ve tte, la nou ve lle né gre sse, u ne ob se ssion, u ne o me le tte, la pa re sse et le pa re sseux, u ne pi rou e tte, la po li te sse, un par te rre, le pe rron, le pe rro quet, le pro fe sseur, la pro-fe ssion, u ne be lle pro me sse; il re gre tte ses ri che sses; la ru de sse, u ne ser pe tte, la se rru re et le se rru rier, ses ta ble ttes et sa tru e lle.

PHRASES.

La doc tri ne dont la foi nous in struit, est fon dée sur l'au to ri té de la pa ro le de Dieu. Les A pô tres ont été in struits par le Sau veur lui-mê me, et par son di vin E sprit; et ils nous ont trans mis les vé ri tés qui leur ont été ré vé lées : on ne peut pas s'é ga rer, quand on a la vé ri té mê me pour se con dui re. Il est ju ste de nous sou me ttre à la foi : mais, à quoi nous ser-vi ra la foi, si e lle ne rè gle pas no tre ma-niè re de vi vre? — Dou ter de la vé ri té d'u ne doc tri ne que Dieu a ré vé lée, que tant de mar tyrs ont si gnée de leur sang, que les dé mons mê me ont con fe ssée, voi là u ne gran de folie; mais plus gran de est no tre folie de croi re, et de ne pas vi vre se lon no tre foi. La foi se ra donc à l'a ve nir l'u ni que rè gle de ma vie : tou tes les ver tus qu'e lle de man de, je les pra ti que rai ; tout le mal qu'e lle ré prou ve, je l'é vi te rai, et je n'é- çou te rai point les mur mu res de l'a mour-pro pre.

Dieu seul est notre dernière fin ; il n'a pu nous créer que pour lui. Tout me dit, tout m'avertit, tout me prêche que je ne dois pas chercher ma fin dans les richesses de la terre. Que nous le voulions, ou que nous ne le voulions pas, nous serons toujours à Dieu qui nous a créés ; mais si nous nous soumettons à sa loi, et que nous l'observions de notre mieux, nous devons espérer un bonheur éternel dans la vie future. Quiconque ne va pas vers sa fin, n'est pas plus que s'il n'était pas, ou plutôt, il n'est qu'un monstre dans le monde.

Que ferons-nous sur la terre, si nous ne travaillons à notre salut? Quant à moi, je veux chercher la gloire de Dieu et le salut de mon âme, dans toute ma conduite, dans tous mes projets. Tout est à vous, ô mon Dieu ! Tout dans ma vie sera fait pour vous plaire. Quand on aime le monde et qu'on veut le servir, on se sépare de Dieu, et l'on se détourne de sa fin dernière. Nul ne peut servir deux maîtres ; mais il aimera l'un et haïra l'autre : Dieu et le monde ont des maximes et des intérêts tout contraires. Nous ne pouvons nous déclarer pour le monde ou pour le démon, sans violer les promesses de notre baptême.

La fortune, même la plus éclatante, est vaine et pleine d'amertumes et de chagrins : on soupire sur le trône, de même que dans les fers. Priez Notre-Seigneur de détruire dans votre esprit l'estime du monde, et de vous fortifier pour dédaigner les grandeurs du siècle. La figure du monde actuel disparaîtra tôt ou tard : malheur à quiconque s'y sera confié ! Que la mort est terrible pour qui a mal vécu ! Elle est, au contraire, un sujet de joie pour le fidèle serviteur de Dieu. Vivez chaque jour de la manière que vous voudriez avoir vécu à votre dernier instant, et vous ne redouterez pas la mort. — MOURIR ENNEMI DE DIEU ! OH LA TRISTE MORT ! OH LE FUNESTE INSTANT, QUI FINIT LES VAINES JOIES DU MONDE, ET VOIT PARAÎTRE TOUS LES MAUX DE L'ÉTERNITÉ ! POUR N'ÊTRE POINT SURPRIS PAR LA MORT, ET POUR NE LA POINT TROUVER AMÈRE, TENEZ-VOUS TOUJOURS DANS L'ÉTAT OÙ VOUS VOUDRIEZ MOURIR.

III.

1. A la fin de certains mots précédés de *ils*, *elles*, *qui*, *eux qui*, *elles qui*, ou d'un nom pluriel, l'assemblage *ent* équivaut à *e*, s'il est placé après une consonne, et il est nul, s'il se trouve après une ou plusieurs voyelles; mais à la fin des autres mots *ent* se prononcent *an*. 2. Devant *au*, *aux*, l'*e* muet est absolument nul; mais devant la terminaison *mment* il se prononce comme *a*, et de plus les deux *m* équivalent à un seul *m*; ainsi la terminaison *emment* se prononce *aman*.

Il*s* par le*nt*, il*s* par lai*ent*, il*s* par lè re*nt*, il*s* par le rai*ent*; e lle*s* blâ me*nt*, e lle*s* blâ mai*ent*, e lle*s* blâ mè re*nt*, e lle*s* blâ me rai*ent*; il*s* chan-te*nt*, il*s* chan tai*ent*, il*s* chan tè re*nt*, il*s* chan-te rai*ent*, ils a vai*ent* chan té, ils au rai*ent* chan-té; e lle*s* boi ve*nt*, e lle*s* bu vai*ent*, e lle*s* bu-re*nt*, e lles a vai*ent* bu, e lle*s* boi rai*ent*, e lles au rai*ent* bu; il*s* croi*ent*, il*s* cru re*nt*, ils a-vai*ent* cru, il*s* croi rai*ent*, ils au rai*ent* cru; e lle*s* cou re*nt*, e lle*s* cou rai*ent*, e lle*s* cou ru-re*nt*, e lles a vai*ent* cou ru, e lles au rai*ent* cou-ru; ils cou vre*nt*, il*s* cou vrai*ent*, il*s* cou vri-re*nt*, il*s* cou vri rai*ent*; les frè res pri*ent*, il*s* pri ai*ent*, il*s* pri è re*nt*, il*s* pri*e* rai*ent*; vos pa-ren*ts* vous ai me*nt*, ils ai mai*ent*, ils ai mè re*nt*, ils ai me rai*ent*; nos a mi*s* dé jeû ne*nt*, il*s* dé-jeû nai*ent*, il*s* dé jeû nè re*nt*, il*s* dé jeû ne rai*ent*; nos e nne mi*s* con spi re*nt*, il*s* con spi rai*ent*, ils con spi rè *rent*, ils con spi re *raient*; nos bre bis bê *lent*, e lles bê *laient*, e lles bê lè*rent*, e lles bê le *raient*; il y a des a ni mau*x* qui a *boient*, d'au tres qui miau *lent*; les uns hur *lent*, les au tres beu *glent*.

Mon frè re est ab sent, le feu est ar dent, le roi est clé ment, il est con sé quent, le con-flu ent des deu*x* ri viè res, u ne dent gâ té*e*, le dé par te ment du Mor bi han, le dé rè gle-ment de sa vi*e*, é le ver le bâ ti ment, di mi-nuer l'é car te ment, le te rri ble é lé ment, le ser mon é lo quent, le bon fro ment, un mau-vais gar ne ment, le gou ver ne ment de la ré-pu bli que, un in con vé nient, le bon in gré-dient, le di scours vé hé ment, le vent fa vo-ra ble, le vê te ment neuf, le ca rac tè re vio-lent, un ar pent de pré, le pè re con tent, le pé cheur pé ni tent, le ju re ment mau vais, le ser pent é pou van ta ble, le ta lent ra re, le tour ment é ter nel, le pai*e* ment de la de tte, le pan se ment de la plai*e*, le pa ra vent u ti le, le pru dent a stro no me, le sa cre ment de l'Or-dre, un seg ment spé ri que.

Vou loir ab so lu ment, sou *h*ai ter ar de-mment, par ler ca va liè re ment, cha ri ta blement, tra va iller har di ment, chan ter hau te-ment, *h*o no ra ble ment, trai ter vio le mment, par ler con fi de mment, être é mi ne mment in strui*t*, ve nir fré que mment, se con dui re con sé que mment, tra va iller in do le mment, de-man der in so le mment; un fai*t* dé mon tré é vi-de mment, il se con dui*t* pru de mment, il prê-che élo que mment, il pri*e* fer ve mment, il traite o pu le mment et ré vé re mment.

Le bar d*e*au, le ba t*e*au, le b*e* d*e*au, le b*e*au ta lent, b*e*au cou*p* de vent, un bi gor n*e*au, le bu r*e*au de ta ba*c*, le car p*e*au, le cha lu m*e*au, un pe ti*t* cha m*e*au, un b*e*au châ t*e*au, un vieu*x* cha p*e*au, le cor d*e*au, le ca v*e*au, le cu v*e*au, de l'*e*au pu re, un é cri t*e*au, un e sca b*e*au, le four n*e*au, un gâ t*e*au, un mo de ste ha m*e*au, la pê che du ma que r*e*au, le ni v*e*au et le mar-t*e*au, u ne be lle p*e*au, le nou v*e*au plan, le ra-m*e*au d'o li vier, un râ t*e*au, un s*e*au d'*e*au, le so li v*e*au, no*s* ta bl*e*au*x*, vo*s* deu*x* tau r*e*au*x*, un fa meu*x* traî n*e*au, la ta ble e*s*t por té*e* sur deu*x* tré t*e*au*x*, un v*e*au de quin ze jour*s*, le ver s*e*au est le on ziè me si gne du zo dia que.

IV.

Placée au commencement ou à la fin d'un mot, ou dans le corps d'un mot après une consonne, la lettre *y* équivaut à un seul *i*, et c'est ainsi que nous l'avons employée jusqu'à présent; mais dans le corps d'un mot après une voyelle, elle équivaut à deux *i*, ordinairement.

Ba lay er (*) le dor toir, broy er de la grai ne, cô toy er le Por tu gal, cou doy er son a mi, un sol cray eu*x*, un vrai croy an*t*, un fai*t* croy a-ble, un bon cray on, dé blay er la cour, dé-lay ez vo*s* cou leur*s*; le che va lier lo yal a dé-ploy é u ne bra vou re sur pre nan te; é tay er son o pi nion, u ne a po ple xi*e* fou droy an te, le foy er do me sti que, fray er la rou te, la fray eur le trou ble, le fuy ar*d* s'é loi gne, le chan*t* joy eu*x*, jou ez loy a le ment, le ter me de la vie moy e nne, un gro*s* noy au, pay ez vo*s* de tte*s*, un bon pay eur, il écri*t* pi toy a-ble ment, le cha ri ta ble pour voy eur, le ray on vec teur, les roy a li ste*s*, le roy au me, la roy-au té, sou doy er quel qu'un, tu toy er son ca-ma ra de, le tuy au de la che mi né*e*, la prai-ri*e* ver doy an te, la voy e lle brève.

(*) Dites comme s'il y avait : *Ba lai ier, broi ier, cô toi ier, cou doi ier...*

PHRASES.

Cha que mo ment peut ê tre le der nier de no tre vi*e* : soy on*s* donc tou jour*s* prê*t*s à pa-raî tre de van*t* Dieu. Plu*s* nous a von*s* vé cu, plu*s* la mor*t* est pro che de nou*s*. Que di rai-je des ob jet*s* de la te rre, quand il me fau dra les per dre à mon der nier jour? Tan di*s* que la san té est pro spè re, nou*s* ne les voy on*s* pa*s* tel*s* qu'il*s* son*t*; mais la mor*t*, qui n'é par gne pa*s* plu*s* les jeu ne*s* que les vieu*x*, nou*s* ré vè-le ra leur vé ri ta ble va leur, et nou*s* ve rrons a lor*s* qu'il*s* ne son*t* que né an*t*. Con si dé rez quel dé fau*t* vou*s* re dou te riez le plu*s*, si vou*s* de viez mou rir au jour d'*h*ui, et me ttez-y or-dre. *H*a bi tuez-vous à tra va*i*ller se lon Dieu; vou*s* cou le rez des jour*s* don*t* cha que par tie se ra mé ri toi re pour la vi*e* é ter ne lle. Je ne sui*s* peut-ê tre é loi gné de la mor*t* que d'un pa*s* : que vou drai-je a voir fait au mo ment qui sé pa re ra mon â me de mon cor*ps* ?

Il me faudra paraître un jour devan*t* le redou-table tribunal de Dieu : que dirai-je alor*s* du pé-ché véniel, et surtou*t* du péché mortel? O*h* le te-rrible jour, que le jour de la colère du Seigneur, où tout sera découvert, jusques aux mouvements intérieurs les plus cachés! Si alors les justes seront à peine trouvés justes, que feront les pécheurs? Où iront-ils, les malheureux que le Seigneur maudira au jour de sa colère? Quel lieu du monde habiteront-ils, après qu'ils auront été déclarés indignes de la vue de leur Sauveur? Où peut être leur funeste demeure? Si vous étiez actuellement traduit devant le tribunal suprême, de quoi auriez-vous le plus de honte? Quelle faute vous ferait le plus de peine?

Quelle serait notre frayeur, si nous pouvions voir un instant les méchants dans le noir séjour! Ils soupirent, ils hurlent, ils blasphèment; ils avouent qu'ils sont coupables de beaucoup de péchés, ils les pleurent, ils les détestent, mais trop tard : leurs larmes ne font qu'activer l'ardeur des feux qui les brûlent, sans les consumer. Ne voir jamais Dieu; brûler dans un feu dont le nôtre n'est que la figure; être au milieu de tous les maux à la fois; avoir toujours les démons devant les yeux, et l'âme continuellement déchirée par le remords : telle est la vie, ou plutôt la mort du réprouvé dans l'abîme éternel. — PAR LES YEUX DE L'ESPRIT, VOYEZ, CONSIDÉREZ LA DEMEURE DES MÉCHANTS

DANS L'AUTRE MONDE; DEMANDEZ AUX RÉPROUVÉS QUEL MAL LES Y A CONDUITS, ET VOUS SAUREZ QUE LE PÉCHÉ EST LE PLUS GRAND DE TOUS LES MAUX. LES PEINES INFERNALES NE DOIVENT POINT AVOIR DE FIN, ELLES SONT ÉTERNELLES : VOILÀ, APRÈS LE MALHEUR DE NE POINT VOIR DIEU, LA PLUS GRANDE PEINE DES MÉCHANTS DANS L'AUTRE VIE.

V.

Le son *an* se représente aussi par *am*, *em*, *en*, *end*; ainsi que par *ant* et par *ent*, comme nous l'avons déjà dit. (V. p. 63 et 38.)

Il s'est ab sen té, un a lam bic, les a len tour*s*, un am bu lan*t*, un a men de ment, l'am phi bi*e*, l'am phi thé â tre, l'am pou le, l'am pli tu de, l'ar-pen teur, l'ar gu men ta teur, l'ac te au then ti-que, l'a ven tu re sin gu liè re, un peti*t* bam bin, un bam bou, un ca lem bour*g*, les ca len de*s*, le ca len dri er, le cam*p*, la cam pa gne, le cam pa gnar*d*, le cam phre, la cham bre, le cham*p*, le re pa*s* cham pê tre, la char pen te et le char pen tier, l'air con den sé, le con sen-te ment, le con tem pla tif, mon dé fen seur, la den si té, la den te lle, la dé pen se, la di-spen se, le di vi den de, le trai té é lé men taire, l'em bar ca dè re, un em blè me, u ne em bouchu re, un am pan, un em pe reur, un em pi re, l'en cre, l'en cri er, l'en fer, l'é ten dar*d*, le flam beau, le glai ve flam boy an*t*, la fré-quen te chu te, u ne gam ba de, le ha ren*g* sa lé, l'in sen sé, l'ê tre in sen si ble, l'in tem péran*t*, un-in ven teur, u ne jam be, le jam bon, un lam b*e*au, un vrai lam bin, u ne lam pe, mar-cher len te ment, un mem bre gâ té, u ne mem-bru re, u ne pie rre mo nu men ta le, le tri ste no men cla teur, un bel o sten soir, un pam-phlet, le pam pre, ma pa ren té, ma pa ten te, un mau vais pen chan*t*, un tour pen da ble, la per pen di cu lai re, le pré am bu le, l'a do ra ble Ré demp teur, le rem bar que-ment, la be lle ren con tre, le ren tier et sa ren te, re pren dre l'en fan*t*, le ré vé rend pè re, sem bla ble à son frè re, la vi*e* sen sue lle, l'é troi*t* sen tier, la sen-ti ne lle, le mois de sep tem bre, sep ten tri on, la splen deur, le re pa*s* splen di de, la voi*x* de Sten tor, la tem pe, le tem ple, la tem pê te, le beau tem*ps*, la ten dre sse ma ter ne lle, tren te-troi*s*, le ven deur, le ven tri lo que, le vil e-scla ve de son ven tre.

VI.

Le son *in* se représente aussi : 1° par *im*, *yn*, *ym*, *ein*, *aïn*, *aim* ; 2° par *en*, à la fin des mots, lorsque cet assemblage est précédé de *i*, *y* ou *é* : ce même assemblage se prononce encore *in*, dans la diphthongue *ien* des verbes *tenir*, *venir*, et de leurs dérivés ; il en est encore ainsi, généralement, dans les syllabes terminées par *ien*.

Un *h*é ré ti que a rien, l'A fri cain par le ain si, il tra va ille l'ai rain, un ac te an ti chré tien, le sa vant a thé nien, un bain chau*d*, un bien tem-po rel, mon bien ai mé, ton bien fai teur, son bien fait, les bien *h*eu reu*x*, un bi sca ïen, le cha pe lain, les che veu*x* châ tain*s*, un bon chien, le chien dent, l'en tre tien, le chré tien, u ne chré tien té, no*s* con tem porain*s*, la con train te, il crain*t*, le co rin thien, un daim, le dé dain, le len de main, le de ssein, un *h*a bi le é cri-vain, u ne em prein te, un e ssaim de mou che*s*, un Eu ro pé en, u ne faim dé vo ran te, un ga-lé rien, un bra ve gar dien, le sty le gré go rien, le bon *h*i sto rien, l'e sprit *h*u main, l'im par fait de l'in di ca tif, l'im pé ra tif, le dé cret im pé-rial, un im pi*e*, la hai ne im pla ca ble, u ne for te im pre ssion, l'im pri me ri*e*, l'i ta lien, le lien, la main, le main tien, le pre mier mé-ri dien, l'ar che vê que mé tro po li tain, le mien, le tien, le sien, le moy en, le lieu mi toy en, l'O lym pe, u ne o lym pia de, les jeux o lym-pi ques, les pa ïens, la pein tu re, le plain-chant, no tre pro chain, le pu bli cain, le pain quo ti-dien, le jo li re frain, le pe tit rien, le dé vot sa cri stain, l'air sain, le sain doux, le grand Saint, le se rein, le sou te rrain, le sou tien, le sou ve rain, la tein tu re, le train, le vain queur, le vain cu, le vau rien, le vi lain.

Je tiens, tu tiens, il tient; je vien drai, tu vien dras, il vien dra; je m'ab stiens, tu t'ab-stiens, il s'ab stient; je de vien drai, tu de vien-dras, il de vien dra; je par viens, tu re tiens, il re vient, je me sou vien drai, tu te sou vien-dras, il se main tien dra, je m'en tre tien drais, tu sur vien drais, il tien drait, je pré viens, tu con tiens, il sub vient, il pro vient, il ob tient.

PHRASES.

Pa ra dis! Oh le grand mot! Qui dit Pa ra dis, dit l'é loi gne ment de tous les maux, la ré u-nion de tous les biens, le grand ac te de la splen deur de Dieu, le prix du sang du Ré-demp teur, le bo nheur par fait de l'hu ma ni té. Voir Dieu clai re ment, et tel qu'il est dans la gloi re; ai mer Dieu sans bor nes, et sans crain te de le per dre ja mais; ê tre heu reux du bo nheur de Dieu mê me : voi là l'ob jet de mon e spoir. Je n'ai plus que quel ques jours à ê tre sur la te rre, et je se rai é ter ne llement a vec le Dieu qu'ai me mon â me. Qu'impor te où nous soy ons main te nant, pour vu que nous soy ons a vec no tre Sau veur, a vec Ma rie, sa sain te Mè re, et a vec les au tres Saints pen dant tou te l'é ter ni té? Pou vons-nous nous plain dre ju ste ment qu'un bo nheur in fi ni nous coû te un peu de péi ne? Les mar tyrs l'ont a che té au prix de leur sang, et ils ont cru qu'il ne leur coû tait rien. É ter ni té de bo nheur, si les mor tels sa vaient me ttre à profit les se cours qu'ils ont pour te mé ri ter! — Tâ chons d'aug men ter en nous l'ar deur de voir Dieu; et, à la vue du bo nheur é ter nel, re gar dons la te rre a vec dé dain : si nous é tions pleins de la pen sée du Pa ra dis, nous n'ad mi re rions rien, et nous ne crain dri ons rien dans le mon de. Nous se rons en tiè rement sa ti sfaits, quand nous ve rrons Dieu dans sa gloi re. Si la pei ne nous fait peur, il faut que le soù ve nir du bo nheur é ter nel nous a-ni me, dit saint Ber nard.

Dieu est dans le Paradis par sa gloire ; dans l'enfer par sa juste sévérité envers les méchants, et sur la terre par sa bonté à l'égard de ses créatures : en un mot, Dieu est partout : « Si vous voulez pécher, dit saint Augustin, cherchez un lieu où Dieu ne soit pas : là, je vous permets de faire tout le mal que vous voudrez. » Dieu me regarde maintenant, de même que si j'étais seul au monde ; il est dans moi-même ; il m'observe, rien ne peut lui être caché. Il me voit de la même vue dont il se contemple ; il me voit avec autant de clarté que s'il ne se regardait plus lui-même, afin de m'étudier tout seul à fond. — Il est infiniment plus honteux pour moi de pécher à la vue de Dieu, que de paraître tout couvert de boue et d'ordure à la vue de tout l'univers. — Voudriez-vous faire devant un valet le péché que vous faites à la vue du Roi des rois ? Quel aveuglement, quelle folie, de craindre tant les yeux du monde, et de craindre si peu les regards de votre Dieu ! — Toutes les ténèbres de la nuit, quelque profondes qu'elles soient, ne sont pas capables de vous cacher à Dieu qui est la lumière même. Les retraites les plus écartées et les plus solitaires sont remplies de la Majesté divine : on peut fuir les lieux fréquentés par les humains; mais partout on rencontre la Divinité. — Souvenez-vous que Dieu est avec vous, en quelque lieu que vous soyez ; voyez s'il n'y a en vous rien qui choque la pureté infinie de ses regards : une semblable pratique est un bon remède contre le péché. — *Dieu me voit* : il n'en faut pas plus à l'âme qui craint Dieu, pour lui faire éviter le péché et pratiquer le bien.

Quelle perte, que la perte d'un Dieu ! — Les enfants d'Adam s'estiment malheureux, quand ils perdent leurs biens par une banqueroute, ou de quelqu'autre manière : et pourtant, la perte des biens temporels n'est rien auprès de la perte du bien infini. — Quel malheur pour une âme de perdre son Dieu par le péché mortel ! Plus grand encore est le malheur de l'âme que la perte de Dieu trouve insensible ! — O péché, que tu es funeste, que tu es redoutable aux humains ! que tu es abominable devant la Sainteté infinie ! Tu as fait le malheur de notre premier père, et tu fais tous les jours le malheur de ses enfants infortunés ! Tu as fait mourir mon Sauveur sur le Calvaire, et chaque jour encore tu renouvelles ses douleurs et sa mort !

Fuis loin de moi, je te hais, je te déteste. —Dieu qui n'est qu'amour, hait infiniment le pécheur : que craindrons-nous, si nous ne craignons pas l'épouvantable haine de Dieu ? — Un spectacle bien terrible est le spectacle du Calvaire; pourtant, l'état d'une âme privée de l'amour et de l'amitié de Dieu est encore plus lamentable. — Le Sauveur est mort pour détruire le péché ; ainsi il a préféré la mort au péché : il faut donc qu'elle soit moins à craindre.

Conservez une véritable douleur de vos péchés : la perte de l'amour et de l'amitié de Dieu est de toutes les pertes la plus grande, et la seule qui mérite réellement d'être pleurée; elle est encore la seule réparable au moyen des larmes. —Que vous revient-il de vos péchés, que la honte d'avoir fait le mal, et la crainte d'en subir le châtiment ? — Malheur à l'âme criminelle qui, en s'éloignant de vous, ô mon Dieu, espère trouver quelque objet qui mérite mieux que vous son amour! — Le Sauveur du monde a été pendant tout le cours de sa vie mortelle un Dieu pénitent : il voulait par là satisfaire pour nous, et calmer la trop juste colère de son Père. Ne devons-nous pas nous-mêmes être pénitents? Si le Saint des Saints a jeûné, pleuré, que doivent faire des criminels? il faut absolument que le péché soit puni, ou par le criminel qui a fait le mal, ou par l'Être souverain contre qui il a été fait. Si les pécheurs ne se chatient eux-mêmes dans le temps, la colère divine les châtiera pendant toute l'éternité; et les crimes qui n'auront pas été lavés dans les larmes du repentir, seront punis par les feux de l'enfer : ne vaut-il pas mieux pleurer quelques jours, que de brûler durant une éternité? — Pour obtenir son pardon de la Bonté divine, il ne faut pas se contenter de se prosterner aux pieds des Prêtres du Seigneur, ni de se couvrir des signes du repentir, et des instruments propres à mortifier la chair : si vous n'avez une véritable douleur de vos péchés, si votre volonté ne rejette pas l'amour criminel, le gain injuste, etc., vous êtes un imposteur, et non un pénitent. — LES PRIÈRES, LES JEÛNES, LES AUMÔNES SONT L'EXTÉRIEUR, LE DEHORS DU REPENTIR CHRÉTIEN; LA HAINE DU PÉCHÉ EN EST L'AME, L'ESPRIT. DEMANDEZ PARDON A DIEU D'AVOIR MENÉ UNE VIE SI PEU CONFORME, OU MÊME SI CONTRAIRE A LA MORALE QUE NOUS A ENSEIGNÉE SON FILS BIEN-AIMÉ; DEMANDEZ-LUI EN MÊME TEMPS SON SECOURS POUR VIVRE A L'AVENIR EN VÉRITABLE PÉNITENT.

VII.

Les voyelles *on*, *un*, se représentent aussi par *om*, *um*, principalement devant *b* et *p*.

Un fil-à-plom*b*, le bom bar de ment, u ne bom be, u ne co lom be, le com ba*t*, com bien de com pa gnon*s*, le com par ti ment, le compa*s*, le nom bre com ple xe, in com ple xe, la fai ble com ple xion, le b*e*au com pli ment, le noir com plo*t*, pay er com*p* tan*t*, ré gler un com*p* te, le com te et la com te sse, dom*p* ter son *h*u meur, ven dre u ne e stam pe, un *h*umble em ploi, pri er *h*um ble ment, le roy au me des Lom bar*ds*, le nom de nom bre, un sty le nom breu*x*, le nom bri*l*, u ne om bre noi re, un par fum, la pé nom bre, le pom pier, la ré com pen se, un gran*d* re nom, le tem*ps* som bre, u ne tom be, un tom b*e*au, un tombe r*e*au, u ne trom be, la trom pe ri*e*, la trompe tte, le trom peur.

VIII.

Les doubles lettres *æ*, *œ*, équivalent généralement à *é* fermé; cependant, devant *il*, le signe *œ* équivaut à *eu*; devant *u*, il a la force de *e*, c'est-à-dire que *œu* se prononce *eu*.

Æ di cu le, æ di ti me, æ don, æ go po de,

æ go po gon, æ sthé ti que, æch m*é*e, æ gle fin (*); œ cu mé ni que, œ dè me, ŒÈ di pe, œ nan the, œ no mel, œ no mè tre, œ no pho re; œ illa de, œ illa der, œ illet, œ illè re, œ ille tte; bœuf, cœur, œuf, œu vre, œu vri ste, œu vé, ma-nœu vre, sœur, vœu, les mœurs.

PHRASES.

Le Sau veur s'est sub sti tué les pau vre*s* : fai re l'au mô ne au*x* pau vre*s*, et la fai re au Fi*ls* de Dieu, ne son*t* donc qu'un mê me ac te. Il est dan*s* le sa cre ment de son a mour pour y ê tre a do ré de nou*s*; il y est pour nou*s* con so ler dan*s* no*s* peine*s*, pour for ti fier nos â me*s* par un pain tou*t* di vin (puis qu'il n'est au tre que son cor*ps* et son sang a do ra ble*s*); mais il est dans les pau vre*s*, a fin que nous ay on*s* lieu de pra ti quer en ver*s* lui u ne pe-ti te par ti*e* de la cha ri té qu'il nous a té moi-gné*e* pen dan*t* tou te sa vi*e*, et sur tout à l'é-po que de sa mor*t*; il veut que nou*s* lui ren-dion*s* quel que peu des gran*ds* bien*s* tan*t* spi-ri tuel*s* que cor po rel*s*, don*t* sa bon té nous a

(*) Dans ce mot, et dans les deux précédents, *æ* se prononce *é*.

com blés : sa vo lon té n'est-e lle pas in fi ni ment ju ste? — Le bien que l'on con fie à Dieu, en le ver sant dans le sein des pau vres, n'est ja mais per du; ja mais le Sei gneur n'a é té vain cu; ja mais il ne le se ra en li bé ra li té : mais il paie tout li bé ra le ment, ju squ'à un ve rre d'eau froi de qu'il pro met de ré com pen ser dans la vie é ter ne lle. — Le jeu, le lu xe, la dé bau che, ont fait quan ti té de ma lheu reux; l'au mô ne est pro fi ta ble à tous : au pau vre qui en est l'ob jet, car e lle le con so le en di mi nuant sa pei ne; au ri che qui la fait, car e lle lui pro cu re pour son der nier jour u ne fou le de dé fen seurs, et lui mé ri te les ré com pen ses in fi nies de l'é ter ni té. — Un cœur dur pour les pau vres est un cœur dé ré prou vé; au con trai re, un â me vrai ment cha ri ta ble est u ne â m e pré de sti née. Que di ra con tre nous no tre bon Sau veur, ou plu tôt que ne fe ra-t-il pas en no tre fa veur, quand il ve rra nos ha bits sur lui, no tre pain et nos ri che sses en tre ses mains? Nous n'a vons rien à crain dre au redou ta ble tri bu nal, si les pau vres pre nnent no tre dé fen se. — Con si dé rez de que lle ma niè re vous vous com por tez en vers les pau vres : voy ez si vous les trai tez ain si que des mem bres vi vants de No tre-Sei gneur, et si vous leur fai tes tout le bien que vous pou vez et que vous de vez leur fai re. — Qui a pi tié du pau vre, se ra bé ni du Sei gneur. — Fai tes l'au mô ne à qui con que vous la de man de, de peur qu'en ren voy ant quel qu'un les mains vi des, vous ne re bu tiez le Fils de Dieu lui-mê me.

Le scandale est tout le contraire de l'aumône spirituelle : il a perdu plus d'âmes que tous les Saints n'en ont jamais pu sauver. Si l'on ouvrait l'enfer, à peine y trouverait-on une âme qui ne dît : « Un tel, ou une telle m'a perdue. » Quel compte terrible nous aurons à rendre ! Nous devons aimer nos ennemis mê me; et souvent par nos scandales nous perdons des âmes qui ne nous ont jamais fait ni voulu de mal ! — Qui a été malheureux au point de perdre des âmes rachetées par le sang d'un Dieu, doit bien craindre pour son salut. Que pouvons-nous espérer de notre incomparable Rédempteur, après lui avoir ravi des âmes qui sont sa conquête ? des âmes qui lui ont coûté un prix infini ? — Pères et mères, qui ne vivez pas chrétiennement, mieux vaudrait-il pour vos enfants, de n'être pas, que d'être nés de vous. Il est vrai, après Dieu, ils vous doivent la vie; mais, par vos scandales, vous les faites mourir, et mourir d'une mort éternelle : quand ils vous demanderont leur Paradis au dernier jour, qu'aurez-vous à leur répondre? — MALHEUR AU MONDE, POUR LES SCANDALES DONT IL EST PLEIN! MALHEUR AU PÉCHEUR SCANDALEUX! IL VAUDRAIT MIEUX POUR LUI AVOIR UNE MEULE DE MOULIN AU COU, ET ÊTRE JETÉ AU FOND DE LA MER.

IX.

La voyelle *u*, placée après *g* et *q*, a différentes prononciations :
1° Elle est nulle après *g*, dans les mots suivants :

A gue rrir, an gui chu re, ba gue, ba guette, bé gueu le, bo gue, bri gueur, ca gue, car gue, car guer, dé guer pir, di va guer, dro gue, é lagueur, fi guier, fou gueux, go gue tte, gué a ble, guè re, gué ret, gué rir, gue rroy er, guê tre, gueu le, gueux, gui de, gui gne, gui lée, guimbar de, guin dé, guir lan de, Guy a ne, hu guenot, lan gue, lan gueur, lan guey eur, li guer, man guier, nar gue, na vi guer, or gue, sanguin, va gue, ver gue, vi guier, vo gue, ai-gui è re.

2° La voyelle *u* se fait sentir dans les mots qui commencent par *aiguil*, et en outre dans les suivants :

Ai gu, ai guë, an guis, an gui pè de, Guel fe, ja gua, ja guar, ja gua rè te, lin gui ste, lin gui-sti que, an gui cu lé, san gui fi ca tif; — A qui-la, a qui lai re, a qui fè re, A qui l*ée*, a qui lien, é que stre, é qui an gle, é qui la té ral, é qui la-tè re, é qui di stan*t*, é qui la té rau*x*, lo què le, qué ri mo ni*e*, que steur, que sture, qui é ti sme, qui é ti ste, qui é tu de, quin dé ca go ne, quin-te tte, quin ti di, quin ti lien*s*, quin ti mè tre, quin tu pler, quin tu plé, Qui ri nal.

3° L'assemblage *ua* se prononce *oua* dans les mots suivants :

Lin gua le, Gua de lou pe, Gua dal q*u*i vir; — A qua re lle, a qua ti le, a qua dor, a qua ti que, a qua re lli ste, bi qua dra ti que, é qua teur, é-qua to rial, qua dran gle, qua dran gu lai re, qua dra*t*, qua dra ti que, qua dra tu re, qua dri-cap su lai re, qua dri den té, qua dri flo re, qua-dri la tè re, qua dri lo cu lai re, qua dri no me, qua dri par ti*e*, qua dru ma ne, qua dru pè de, qua dru ple, qua dru pler, qua dran gu lé, quadra teur, qua dra ti que, quar ti-le, quar to, in-quar to, qua tu or, squa-le.

4° Enfin, dans les mots suivants (verbe *avoir*), l'assemblage *eu* se prononce *u*.

J'eu*s*, tu eu*s*, il eu*t*, nous eû me*s*, vous eû te*s*, ils eu ren*t*; j'ai eu, tu as eu; il a vait eu, nous a vions eu; vous au rez eu, ils auront eu; j'eus eu, tu eus eu, il eut eu, nous eû mes eu, vous eû tes eu, ils eu rent eu; j'aû rais eu, tu au rais eu, il au rait eu; nous a vons eu, vous a vez eu, ils ont eu.

PHRASES.

Le mon de par le : il veu*t* vou*s* dé goû ter de la pié té; dé dai gnez ses cla meur*s* : les fou*s* par leur*s* di scour*s*, doi vent-il*s* vou*s* fai re de-ve nir sem bla bles à eu*x*? « Mai*s*, pen sez-vou*s*, que di ra-t-on de moi, si l'on me voit en te lle com pa gni*e*, si je pra ti que te lle ver *tu*, si je fré quen te les sa cre ment*s*? » On di ra que vou*s* crai gnez plu*s* Dieu que les impie*s*; on di ra que vou*s* pré fé rez Dieu qui vous a cré é, et qui vou*s* con ser ve cha que jour, à tous les mon dains qui ne vous font que de la pei ne, et qui vou draient vous fai re un très-grand mal, pui squ'ils ont pour but de vous fai re tom ber dans le pé ché, le plus grand de tous les maux, ou, pour par ler plus jus te, l'u ni que mal que nous de vions re dou ter. Les plus li ber tins vous e sti me ront in té rieu-re ment, et se di ront à eux-mê mes que vous a vez le droit de vous com por ter de la sor te. A près tout, qu'im por te tou te la cri ti que des mé chants, pour vu que vo tre de voir soit rem pli, et que Dieu soit con tent de vous? — Que lle lâ che té est la nô tre, quand nous a vons hon te de pra ti quer la vertu! On se fait gloi re de por ter les li vrées des grands; et l'on croit i gno mi nieux de por ter les in-si gnes du chri stia nis me! Les plus vils ou-vri ers font dans le mon de u ne pro fe ssion ou ver te de leur mé tier; et les chré tiens crai-gnent de pa raî tre chré tiens, en fants de Dieu le Pè re, frè res du Fils, et tem ples du Saint-E sprit! Ma lheu reux qui vous ré glez sur l'o-pi nion du mon de, crai gnez que vo tre Sau-veur ne vous re nie de vant son Pè re, pour a voir é té re nié par vous de vant les mondains — Hé quoi! l'a do ra ble Fils de Dieu est-il donc di gne de mé pris? Son nom est-il in fâ me! La pra ti que de ses ma xi mes est-e lle u ne i gno mi nie? Vous n'a vez point de hon te d'ê tre un i vro gne, un im pu di que, un bla sphé ma teur, vous en fai tes mê me gloi re quel que fois; et vous a vez hon te d'ai-mer la ver tu, et sur tout de la pra ti quer ou-ver te ment! Oh! l'a bo mi na ble con dui te! Com bien e lle est cou pa ble de vant Dieu! Quels châ ti ments ne mé ri te-t-elle pas!

Nous n'avons rien tant à craindre que nous-mêmes. Notre propre faiblesse nous doit plus faire trembler que tous les obstacles dont l'enfer couvre notre route. Il ne faut souvent qu'une parole, qu'un soupir, qu'un regard, pour nous vaincre: Adam a péché, Salomon a oublié Dieu, saint Pierre a renié son bon Maître: après de telles chutes, que ne devons-nous pas craindre? — Notre âme est vaincue le plus souvent sans être grandement tentée par le démon: nos sens et nos mauvais penchants conspirent contre nous à toute heure; notre propre cœur est notre plus redoutable ennemi. Bien des chrétiens persécutés, après avoir triomphé des tyrans et des démons, péchèrent dans la solitude ; ils furent vaincus par des penchants qu'ils n'avaient pas réprimés. Défiez-vous donc de vous-même. — Les plus grands Saints ont frémi à la seule pensée de l'état de leurs âmes devant Dieu. A l'heure de la mort, on a ouï soupirer les solitaires les plus pénitents ; ils ne perdaient pas de vue la parole de l'Ecriture : *Nul ne sait s'il est digne d'amour ou de haine.* — Il ne faut qu'un moment pour faire d'un Saint un réprouvé. Dites donc avec un grand serviteur de Dieu : « Seigneur, gardez-vous de moi aujourd'hui, car je vous trahirai, si je suis un instant à moi-même ; » priez avec foi, avec ferveur, et bientôt vous sentirez le secours divin.

Nous devons tenir compte, non-seulement des faveurs dont Dieu nous a comblés, mais encore de tous les dons que sa bonté avait dessein de nous faire, si nous n'y avions pas mis obstacle. L'astre du jour paraît, et nous fermons nos fenêtres : nous ne lui devons pas moins le bienfait de la lumière, car il ne tient qu'à nous de nous en servir. — IL Y A PEUT-ÊTRE PLUS DE VINGT ANS QUE DIEU VOUS INSPIRE QUELQUE PROJET, DONT IL VEUT TIRER UNE GRANDE GLOIRE POUR LUI, ET LE SUJET D'UNE GRANDE RÉCOMPENSE POUR VOUS ; ET VOTRE LÂCHETÉ EST TELLE QUE

VOUS NE L'AVEZ PAS ENCORE ENTREPRIS. VOUS ÊTES DEPUIS SI LONGTEMPS A L'ÉCOLE DU SAINT-ESPRIT, ET VOUS NE SAVEZ ENCORE RIEN! AYEZ HONTE DE VOTRE INACTIVITÉ, ET PROMETTEZ DE MIEUX VIVRE A L'AVENIR.

X.

1° En général, la consonne redoublée équivaut à la consonne simple; 2° Devant les voyelles *e, é, è, ê, i, y*, les consonnes *c, g*, équivalent à *s, j*; pour leur donner la même force devant *a, o, u*, on met une cédille sous le *c*, et un *e* muet après le *g*.

MOTS.

(*) A bbé, a bbe sse, ra bbin, ra bbi ni que, Sa bbat, gi bbe, a cca bler, a cca pa rer, a ccla-ma teur, a cco ler, a cco la ge, a cco mo da ge, a ccom pa gner, a ccord, o ccu per; a ffa bi li té, a ffa di sse ment, a ffai sser, a ffli ger, e ffa cer, e ffa ça ble, e ffer ve scen ce, e ffi ca ce ment, e ffi gie; o ffen se, o ffi cier, o ffi cieux, o ffi-cie lle ment; a llée, a llè che ment, A lle ma gne, a llia ge, a llian ce, a llon ge ment, a llu me tte, a nneau, a nnée, a nne li des, a nni ver sai re, a nnon ceur, a nnon cia de, i nno cent, i nno-ce mment; a ppa raî tre, a ppa re mment, a ppar-

(*) Faites dire comme s'il y avait : *a bé, a bè se, ra bin... ji be... a co mo da je...*

te ment, a ppel, a ppé ti*t*, a pplau di sse ment, a ppré hen der, a ppro xi ma tif, a ppuy er, o-ppre sseur, o ppro brè ; a rran ger, a rrêt, a rrê-ter, a rri mer, a rri ma ge, a rron di sse ment ; a ssa ssi na*t*, a ssem bla ge, a ssem blé*e*, a ssai-nir, a sser vir, a ssez ; a ssié ger, a ssie tte, a ssi-gna*t*, a sso mman*t*, e ssay er, i ssu*e*, o sse let ; a tta che, a tta que, a tta qua ble, a tte la ge, a tte-ler, a tten dre, a te rri ssa ge, a ttrait, a ttra pe-ni gau*d*, a ttra pe-lour dau*d*, ba ttre, ba tte ri*e*, ba tte ment.

Je chan ge, tu chan ge*s*, il chan ge, nou*s* chan geon*s*, vou*s* chan gez, il*s* chan ge*nt*; je co rri geais, tu co rri geais, il co rri geait, nou*s* co rri gion*s*, vou*s* co rri giez, il*s* co rri geai*ent*; je dé do mma geai, tu dé do mma gea*s*, il dé-do mma gea, nou*s* dé do mma geâ me*s*, vou*s* dé do mma geâ te*s*, il*s* dé do mma gè r*ent*; il faudrait que je man gea sse, que tu man gea-sse*s*, qu'il man geât, que nou*s* man gea ssion*s*, que vou*s* man gea ssiez, qu'il*s* man gea sse*nt*. — J'a van ce, tu a van ce*s*, il a van ce, nou*s* a van çon*s*, vou*s* a van cez, ils a van ce*nt* ; je me na çais, tu me na çais, il me na çait, nou*s* me na cion*s*, vou*s* me na ciez, il*s* me na çai*ent* ;

je pro non çai, tu pro non ças, il pro non ça, nous pro non çâ mes, vous pro non çâ tes, ils pro non cè rent; il fau drait que je re non- ça sse, que tu re non ça sses, qu'il re non çât, que nous re non ça ssions, que vous re non ça- ssiez, qu'ils re non ça ssent.

EXCEPTIONS.

Les deux consonnes se prononcent : 1° dans les mots qui co- mmencent par *acce, acci, ecce, occi; add; ell, ill; amm, emm; enné; err, irr*; 2° dans la plupart de ceux qui commencent par *all, ann, inn, oss, coll, corr*, et dans quelques-uns de ceux qui co- mmencent par *comm*. — Au commencement d'un mot, *em* suivi de *m*, se prononce *an*.

Ac cé der, ac cé lé rer, ac cent, ac cep ter, ac cès, ac ce ssoi re, ac ci dent, oc ci dent, oc- ci den tal; ad di tif, ad duc teur; el lé bo re, el lip se, el lip so ï de, el lip ti que, il lé gal, il- lé gi ti me, il li ci te, il li mi té, il lu mi na teur, il lu stre; am mo nia que, am mo nia cal; im- ma cu lé, im man gea ble, im man qua ble, im mé dia te, im mé dia te ment, im mé mo rial, im men se, im men si té; en né a go ne, en- né a cor de; er rer, er reur, er ra ta, ir ré con- ci lia ble, ir ri ter, ir ré duc ti ble, ir ré gu lier, ir ré li gion, ir ré vé ren ce; al lai ter, al lé go- rie, al lé gre sse; an na te, an ne xe; an na les, an nui té, in né, in nom bra ble, in no va teur; os si fier, os si fi que, os si vo re, os suai re, col la bo ra teur, col la té ral, col lec te, col lé-gia le, col lè gue; cor rec te ment, cor rec tri ce, cor ro bo rer, cor rup teur; com mé mo ra tif, com mi nu tif. — Em mai grir, em ma illo ter, em man che ment, em man cheur, em ma ne-qui ner, em ma ri ner, em mé na ger, em me-ner, em me no tter, em meu bler, em mie llé, em mu squer.

Combien il importe de se former de bonne heure à la vertu.

Vous voi là, mes chers en fants, au plus bel â ge de la vie. E chap pés des dan gers qui ont en tou ré vo tre ber ceau, vous a llez en trer dans u ne nou ve lle ca rriè re, vous a llez co mmen cer à vi vre. C'est là u ne é po que bien a gré a ble; mais e lle est en mê me temps bien cri ti que et bien dé li ca te. — Con si dé-rez un voy a geur qui co mmen ce un long et pé ni ble voy a ge. S'il est a ssez sa ge et a ssez heu reux pour pren dre le bon che min dès l'en trée de sa route, il a rri ve fa ci le ment au terme où il aspire; mais si, par malheur, il vient à se tromper, et à prendre des sentiers détournés, il marche beaucoup sans avancer, ou même il s'éloigne du but; il s'égare, il s'enfonce dans d'épaisses forêts, dans des précipices affreux, d'où il ne peut quelquefois se retirer, malgré tous ses efforts : voilà justement l'état critique où vous vous trouvez. Vous êtes, pour ainsi dire, à l'entrée de la vie; deux routes différentes s'offrent à vous : celle du vice et celle de la vertu. Si vous êtes assez imprudent pour entrer dans la voie du vice, vous allez faire autant de chutes que de pas, vous allez tomber d'abîme en abîme, pour aboutir enfin à un précipice effroyable, où vous trouverez le souverain malheur. Mais si, au contraire, vous êtes assez sage pour prendre le chemin de la vertu, vous mènerez une vie douce, à l'abri de toute crainte et de tout danger, et vous vous assurerez les récompenses que Dieu destine aux âmes qui aiment et pratiquent ses commandements. Jugez de là combien il vous importe de faire un bon choix entre ces deux routes qui aboutissent à des termes si différents. Tout dépend de ce choix, et de la manière dont on se comporte pendant les premières années de sa vie ; car, de même que les enfants qui ont été nourris d'un bon lait, jouissent ordinairement dans la suite d'une bonne santé, ainsi ceux qui ont pris dès leur bas âge le goût de la vertu, le conservent généralement toute leur vie, et sont pour toujours comme naturellement vertueux.

« Un vaisseau neuf, a dit un ancien poète, conserve longtemps l'odeur de la première liqueur qu'on y a versée. » Le vaisseau neuf est le cœur d'un enfant, qui se ressent toujours des premières impressions de la jeunesse, et des habitudes qu'il y a contractées. Comme cette vérité est plus importante qu'on ne le pense, un ancien législateur crut devoir en bien convaincre le peuple qu'il voulait réformer, et voici l'adresse dont il se servit pour y réussir :

Lycurgue, qui donna des lois aux Lacédémoniens, avait pris chez lui deux jeunes chiens nés d'un même père et d'une même mère ; il les avait élevés d'une manière si différente, que, par une suite des habitudes qu'ils avaient contractées, l'un cherchait sans cesse à contenter sa gloutonnerie, et l'autre ne montrait de goût que pour la chasse. Quand il fut bien sûr de son fait, il parut un jour devant les Lacédémoniens assemblés sur la place, et il s'écria : « O Lacédémoniens ! il est très-important d'inspirer de bonne heure aux enfants l'amour de la tempérance ! Vous ne comprenez pas bien cette vérité ; mais tout à l'heure, je vais vous la faire toucher au doigt. » Après avoir dit ces paroles, il fait amener ses deux chiens au milieu de l'assemblée, et met devant eux un plat de soupe et un lièvre vif. L'un des chiens se met aussitôt à courir après le lièvre, et l'autre se jette d'abord sur le plat de soupe. Les Lacédémoniens, tout surpris, ne voyaient pas encore où leur législateur voulait en venir ; mais Lycurgue, ayant pris la parole, leur dit : « Ces deux chiens sont nés d'un même père et d'une même mère ; mais, comme ils ont été élevés diversement, l'un est devenu gourmand, et l'autre chasseur : voyez après cela ce que vous voulez faire de vos enfants ; mais soyez bien assurés qu'ils conserveront pendant toute leur vie les habitudes qu'ils auront contractées dans leur enfance. »

HEUREUX DONC CEUX QUI EN PRENNENT DE BONNES ! MAIS QUE JE PLAINS CEUX QUI N'EN CONTRACTENT QUE DE MÉCHANTES ! S'ILS SONT MAINTENANT INSENSIBLES A

LEUR MALHEUR, ILS LE SENTIRONT DANS LA SUITE : MAIS SERA-T-IL TEMPS D'Y REMÉDIER !

(*Mentor des Enfants*, ch. 1.)

XI.

Placé entre deux voyelles, *s* équivaut à *z*.—Il en est encore ainsi lorsque la seconde voyelle est précédée de *h* muet.

A bu ser, a ccu ser, a ccu sa teur, ba li se, be so gne, bi sa ïeul, ba si li que, ca sa que, ca ser ne, ca si mir, ci seau, dé sa gré a ble, dé ser*t*, dé sa van ta geu*x*, dé se spoir, dé s*h*a bi tuer, dé s*h*o nnê te, dé s*h*o no ran*t*, dé sir, fri se, fri seur, go sier, gri sa ille, gri son, ha sar*d*, ha sar deu*x*, i so ler, i so cè le, Jé sus, Jo seph, jé sui te, lé ga li ser, li si ble, lo san ge, ma su re, me su ra ge, mi sé ri cor de, na sal, na seau, o ser, o sier, o se rai*e*, pay sa ge (*), pay san, pay sa nne, phi lo so phe, phi lo so phi*e*, phy si cien, qua dra gé si me, qua dra gé si mal, rai son, rai sin, rai so nna ble, ra soir, sai sir, sai si ssa ble, sa lai son, ti sa ne, tré sor, tré so re ri*e*, u sa ge, u si ne, u su frui*t*, u su re, u su rier, u sur pa teur, va se, vi si te, vi si teur.

(*) Prononcez *pé i za je*, *pé i zan*, *pé i za ne*.

Quoique placé entre deux voyelles, *s* conserve dans les mots suivants le son qui lui est propre.

Dé sué tu de, ha vre-sac, mo no syl la be, mono syl la bi que, pa ra sol, pé tro si lex, pré sé an ce, pré su ppo ser, re sa crer, re sa luer, re sau cer, re si ffler, tour ne sol, vrai sem bla ble, vrai semblan ce, po ly syl la be, an ti so cial, con tre-signer, con tre-sol.

La plu par*t* des en fan*ts* s'i ma gi ne*nt* que les dé fau*ts* au*x* quel*s* il*s* son*t* su jet*s*, n'au ront aucu ne mau vai se sui te pour l'avenir; mais l'ex pé rien ce nou*s* mon tre tou*s* les jour*s* le contrai re. Nou*s* voy ons or di nai re ment que ceu*x* qui on*t* pris de mau vai ses *h*a bi tude*s* pen dan*t* leur en fan ce, ne s'en co rri ge*nt* pre sque jamais. L'a mour du vi ce ne fait au con trai re que se for ti fier en eux a vec le tem*ps*; et, d'en fan*ts* vi cieu*x* qu'ils étai*ent*, il*s* de viennen*t*, pour l'or di nai re, des *h*om me*s* dé réglés et per ver*s*.

Sain*t* Grégoire et sain*t* Basile, étudiant à Athène*s* avec Julien (jeune prince qui dans la suite mérita l'odieux surnom d'*Apostat*), découvrirent bientôt le dérèglement de son esprit par sa physionomie, et par son extérieur. Ses yeux étaient vifs, mais égarés ; il avait le regard furieux, l'air dédaigneux et insolent ; il faisait sans sujet des grimaces ridicules et des signes de tête, riait sans mesure et avec de grands éclats, proposait des questions impertinentes, et répondait d'une manière obscure et embarrassée à ceux qui l'interrogeaient. Le désir de se rendre habile dans la philosophie des païens était sa passion dominante. Peu soigneux de s'instruire des vérités du christianisme, il ne s'appliquait qu'à l'astrologie, à la magie, et à toutes les vaines observances du paganisme. Tout cela joint à bien d'autres défauts qu'il ne pouvait dissimuler, quoiqu'il tâchât de se couvrir du voile de l'hypocrisie, fit dire à saint Grégoire que l'empire romain nourrissait un monstre dans son sein. Il ne se trompa pas, et la suite fit bien voir que sa conjecture était véritable. Toutes les mauvaises qualités qu'on avait remarquées dans Julien lorsqu'il était jeune, se montrèrent avec plus d'éclat encore, lorsqu'il fût parvenu à l'âge mûr. Il devint un des plus grands ennemis du christianisme, et porta l'impiété si loin qu'il ordonna, par un édit général, d'ouvrir les temples du paganisme, dans lesquels il fit lui-même l'office de souverain Pontife, avec toutes les cérémonies païennes, s'efforçant d'effacer le caractère de son baptême, au moyen du sang des victimes qu'il offrait en sacrifice aux idoles.

Vous devez donc regarder la conduite que vous tenez à présent, comme un présage presque infaillible de celle que vous tiendrez à l'avenir. Les habitudes que l'on contracte pendant l'enfance, ressemblent, dit un auteur moderne, à ces caractères tracés sur l'écorce d'un jeune arbre : ils croissent et se développent avec lui, et font partie de lui-même. Si donc dès à présent vous avez soin de former votre cœur à l'amour de la vertu, vous avez tout à espérer pour la suite; mais si, au contraire, vous commencez à vous égarer dans les sentiers du vice, vous irez d'égarement en égarement, et vous ne pourrez peut-être plus en revenir.

« On m'a fort mal élevé, disait Pierre-le-Grand; loin de réprimer les excès de mon naturel féroce, on les a flattés. Je le sens, j'en rougis, et telle est pourtant la force de l'habitude, que je ne puis maîtriser mon humeur colère et barbare. Moi qui ai changé les mœurs de mes sujets, je n'ai pu me changer moi-même. » Voilà ce que vous éprouverez un jour vous-même, mon cher enfant, si de bonne heure vous ne vous appliquez à réprimer vos passions; elles sont maintenant comme des étincelles que l'on peut éteindre sans peine, ou comme de jeunes lionceaux que l'on vient facilement à bout de dompter et d'apprivoiser. Mais Dieu vous préserve de les laisser croître : elles exciteraient dans votre cœur un funeste incendie, et elles deviendraient semblables à des lions furieux qui vous dévoreraient. Il en est de leurs progrès comme de ceux de la plupart des maladies que nous éprouvons. Au commencement, ce n'est qu'une légère incommodité à laquelle on peut aisément remédier; mais si on néglige le mauvais levain qui la cause; si on le laisse fermenter et infecter la masse du sang, on a beau recourir au secours de l'art, tous les remèdes sont inutiles; et l'on devient victime d'un mal que l'on eût arrêté sans peine, si on l'eût combattu dès sa naissance.

Un ancien solitaire étant un jour interrogé par ses disciples sur la manière de combattre ses passions, leur répondit par cette figure :

Il était alors dans un lieu planté de cyprès. Il commanda à l'un des disciples d'arracher un petit cyprès qu'il lui montra, et le disciple l'arracha aussitôt, sans aucune peine, d'une seule main. Il lui en assigna ensuite un autre un peu plus grand, qu'il arracha aussi, mais avec un peu plus d'effort, et en y mettant les deux mains. Pour en arracher un troisième qui était plus fort, il fallut qu'un de ses compagnons lui aidât, et encore le firent-ils avec difficulté. Enfin, l'ancien solitaire leur en montra un qui était beaucoup plus gros. Tous les jeunes solitaires se mirent de concert à l'œuvre, et ne purent jamais venir à bout de l'arracher. Alors, le maître prenant de là occasion de les instruire : VOILÀ MES CHERS ENFANTS, LEUR DIT-IL, COMME IL EN EST DE NOS PASSIONS. Au commencement, quand elles ne sont pas encore enracinées, il est facile de les arracher, pour peu qu'on soit attentif à les combattre. Mais lorsque, par une longue habitude, on les a laissées prendre de profondes racines dans le cœur, il est très-difficile de s'en rendre maître. Travaillez donc de bonne heure à combattre et à vaincre des ennemis, qui, dans la suite, vous causeraient de violents combats, et peut-être entraîneraient votre perte. »

(*Mentor des Enfants*, ch. II.)

XII.

Suivi d'une voyelle, *ti* équivaut à *si* dans un grand nombre de mots.

Ac tion, ac tio nnai re, ad di tion, ad ju di ca-tion, ad mi ra tion, a do ra tion, a ppa ri tion ; bal bu ti*e*, bal bu tier ; cap tieu*x*, cap tieu se-ment, cau tion, con ven tio nnel, cor rec tio nnel; di ffé ren tiel, di ffé ren tier, di stinc tion; Egyp-tien, e ssen tiel, ex pé di tion, Ex trê me-Onc-tion ; fa cé ti*e*, fac ti eu*x*, fac tio nnai re, frac-tion ; gra dua tion ; i nep ti*e*., im par tial, im-pa tien ce, i ni tial, i ni tier, in con sti tu tio nna-li té ; ju bi la tion, mi nu ti*e*, mi nu tieu*x*, na-vi ga tion; o bé dien tiel, ob sti na tion, pa ci-fi ca tion, par tial, par tiel, pa tient, pri ma ti*e*, pro phé ti*e*, pro pi tia toi re, pro vi den tiel ; quo tient ; ra tion, ré demp tion, ré vo lu tion ; sa pien tiau*x*, sco ti*e*, sé di tieu*x*, sta tio nner, sub stan tiel, su pré ma ti*e* ; thé o cra ti*e*, tra di-tio nne lle ment, ar gu ti*e*, a ri sto cra ti*e*, au to-cra ti*e*, dé mo cra ti*e*, am bi tieu*x*.

L'assemblage *ti* conserve le son qui lui est propre, toutes les fois qu'il est précédé de *s* ou de *x*.

Ba stion, be stiai re, be stial, be stiau*x*, be stiali té, con ge stion, di ge stion, ge stion, in di-ge stion, im mix tion, mix tion, mix tio nner, que stion, que stio nner, que stio nnai re, que-stio nneur.

Rien n'est plus nécesssaire que la Piété.

Dieu ne vous a mis au mon de que pour le ser vir; il ne vous a do nné un cœur que pour l'ai mer : vous de vez donc, mon cher en fant, en vi sa ger son a mour et son ser vi ce co mme la plus in di spen sa ble de vos obli ga tions.

Vous vous re gar de riez sans dou te co mme un en fant dé na tu ré, si vous n'ai miez pas ceux qui vous ont do nné la vie, et vous au-riez rai son; mais son gez, mon cher en fant, que vous a vez dans le ciel un Pè re qui est in fi ni ment plus di gne de vo tre a mour.

Ce Pè re, si ten dre et si par fait, c'est Dieu. Il or do nne à tous les ho mmes de l'ai mer; mais il se plaît sur tout à re ce voir les ho mma-ges d'un jeu ne cœur, par ce qu'il est or di-nai re ment plus pur et plus cha ste.

Les A pô tres vou lant un jour é car ter des en fants qui s'a ppro chaient de Jé sus-Christ :

Lai ssez, leur dit ce di vin Maî tre, *lai ssez ve nir à moi les pe tits en fants; car, c'est à eux*, et à ceux qui leur re ssem blent, *qu'a-ppar tient le roy au me des cieux*. A ppro chez-vous donc de lui, mon cher en fant, par u ne ten dre et sin cè re pié té. Il n'est pas be soin, pour lui plai re, d'a voir de l'e sprit, de la nai ssan ce, ni d'ê tre doué des au tres qua li tés que le mon de e sti me le plus. Il n'ai me que la pié té, et c'est par e lle seu le que nous pou vons nous ren dre a gré a bles à ses yeux.

Dieu, ayant résolu de donner un nouveau roi à son peuple, ordonna à Samuel de se transporter dans la maison d'Isaï, pour y sacrer celui de ses enfants qu'il jugerait digne de son choix. Isaï fait d'abord paraître devant lui Éliab, l'aîné de ses fils, qui, par la majesté de sa taille et la beauté de son visage, semblait être fait pour occuper le trône. Le Prophète le crut d'abord; mais Dieu le détrompa bientôt. Il en fut de même des suivants, jusqu'au dernier : à mesure qu'ils paraissaient, le Seigneur faisait entendre sa voix à Samuel, pour lui dire que ce n'étaient point ceux-là qu'il avait choisis. On fait enfin appeler David, qui était en-core fort jeune, et qui gardait un troupeau; et à peine s'est-il montré, que le Seigneur adressant la parole au Prophète : *Levez-vous*, lui dit-il, *et répandez l'onction sainte sur sa tête ; car c'est ce jeune enfant que j'ai choisi pour régner sur mon peuple.*

Or, pourquoi croyez-vous que David ait été préféré a tant d'autres qui paraissaient plus propres que lui a la royauté? Le Seigneur en donna lui-même la raison à Samuel, lorsqu'il voulait choisir Éliab : *Les hommes*, lui dit-il, *voient ce qui paraît au-dehors ; mais Dieu découvre ce qui se passe dans le cœur ;* c'est-à-dire, les hommes ne jugent du mérite que par les qualités extérieures ; mais Dieu en juge par les dispositions et les sentiments du cœur. Il faut l'aimer, le servir, pour lui plaire, et il n'y a que la piété qui puisse obtenir son suffrage.

La Piété est préférable à tout.

Eussiez-vous les talents les plus distingués, fussiez-vous comblé d'honneurs et de biens, si la piété n'habite dans votre âme, vous n'êtes rien aux yeux du Seigneur. Mais, au contraire, fussiez-vous privé de tous les dons de la nature et de la fortune, pourvu que vous ayez l'amour et la crainte de Dieu, vous êtes plus grand devant lui que tous ces fameux héros que l'univers admire, mais que le souverain Juge réprouve, si la piété n'est pas le fondement de leur héroïsme.

Louis IX, ce roi qui n'a pas moins illustré la France par sa sagesse et par sa valeur que par ses vertus et sa sainteté, estimait plus en lui le titre de chrétien que celui de roi ; il faisait plus de cas de la piété que de toutes les grandeurs de la terre. Voilà pourquoi, lorsqu'il fut sur le point de mourir, il adressa à son fils ces belles paroles qu'on devrait sans cesse répéter à tous les enfants :

« Mon fils, la première chose que je te recommande, c'est d'aimer Dieu de tout ton cœur : sans l'amour divin, personne ne peut se sauver. Garde-toi de rien faire qui lui déplaise, c'est-à-dire de pécher mortellement : tu devrais plutôt souffrir toutes sortes de tourments. Confesse-toi souvent, et choisis des confesseurs vertueux et savants, qui sachent t'instruire de ce que tu dois faire ou éviter. Assiste dévotement à l'office divin, sans causer ni regarder çà et là, mais priant Dieu de bouche et de cœur, particulièrement à la Messe, après la consécration. Choisis ta compagnie, et n'y admets que des gens de bien. Aime tout bien, et hais tout mal en quoi que ce soit. Que personne ne soit assez hardi pour médire devant toi, ou pour dire en ta présence la moindre parole qui excite au péché. Rends souvent grâces à Dieu de tous les biens qu'il t'a faits en sorte que tu sois digne d'en recevoir encore davantage. »

CE QUE CE SAINT ROI DISAIT A SON FILS, JE VOUS LE RÉPÈTE A VOUS-MÊME, MON CHER ENFANT ; ET C'EST LA LEÇON QUE JE VOUDRAIS GRAVER LE PLUS PROFONDÉMENT DANS VOTRE ESPRIT ET DANS VOTRE CŒUR. *Craignez Dieu*, dit le Sage, *et observez ses commandements ; car c'est en cela que consiste tout l'homme*. On peut se passer de la science, des richesses et de tous les autres avantages humains ; mais la piété est absolument nécessaire. Avec elle tout devient utile ; sans elle, tout se change en poison, et ne sert qu'à nous rendre coupables et malheureux.

(*Mentor des Enfants*, ch. III.)

XIII.

La consonne *ch* équivaut à *k* dans les mots suivants, et dans presque tous leurs dérivés :

Ar chan ge, ar ché o lo gie, ar chi é pi sco pat, ar chon te, a na cho rè te, ba cchan te, bra chi al, bra chy lo gie, bra chi o po des, ca té chu mè ne, chal da ï que, cha mæ li ron, ché lo niens, cha os, chi ro gra phai re, chi ro lo gie, chœur, cho lé ra, cho lé ri ne, chon dro lo gie, cho ra ï que, cho-ré gra phe, cho ré vê que, cho ri ste, cho ro gra-phi que, cho ro ï de, dia cha la sis, di cho rée, di cho to me, é cho, é cho mè tre, i schè me, i schi o cè le, Eu cha ri stie, eu cha ri sti que, ma ni chor dion, or che stre, pa tri ar chal, pi-cho li ne, po ly cho lie, psy cho lo gie, sac cha-ri fè re, sa cha rin, scho lai re, scho la sti que, scho lie, schor li for me, sti cho mé trie, sté no-cho rie. — An tio chus, A cha ïe, A ché lo üs, Ba cchus, Ba ruch, Ar chan gel, Chal cé doi ne, Chal dée, Cham (*came*), Cher so nè se, Hé noch, Jé ri cho, La mech, les Ma cha bées, Mel chi sé-dech, Mel chi or, Mi sach, Mu nich, Na bu cho-do no sor.

La Prière.

La pratique de piété la plus essentielle et la plus nécessaire, c'est la Prière. Par elle, non-seulement nous rendons à Dieu l'*h*onneur que nous lui devons, mais encore nous attirons sur nous ses bienfaits les plus précieux ; et c'est pour cela que, selon l'expression de l'apôtre saint Paul, *nous devrions* *toujours prier, et ne jamais cesser*. Mais, si vous ne pouvez donner à la prière la plus grande partie de votre temps, ne manquez du moins jamais d'y consacrer les premiers et les derniers moments de la journée.

Il n'est aucun enfant bien élevé, qui, le soir et le matin, ne se fasse un devoir de saluer son père et sa mère. Vous vous conformez sans doute vous-même à cet usage, et je ne saurais trop vous en louer. Mais ne seriez-vous pas inexcusable, si vous ne faisiez pour *votre Père qui est dans les cieux*, ce que vous faites pour les parents que vous avez sur la terre? C'est Dieu qui mérite vos premiers et vos derniers hommages. Soit donc que vous commenciez ou que vous finissiez la journée, n'oubliez jamais de vous prosterner devant lui pour l'adorer, pour le remercier, pour lui donner votre cœur, et pour lui demander les grâces qui vous sont nécessaires pour le bien servir. Sans lui, nous ne pouvons rien ; mais avec son secours, nous pouvons tout. Soyez donc attentif à l'implorer, surtout dans les occasions où vous serez exposé à quelque danger qui pourrait être funeste à votre innocence et à votre salut.

Lorsqu'un enfant encore faible rencontre un

mauvais pas, et craint d'y faire une chute, il appelle aussitôt son père à son secours, et le prie instamment de lui tendre la main, pour lui aider à échapper au mal dont il est menacé. Comportez-vous, mon cher enfant, de la même manière à l'égard de Dieu, que vous devez regarder comme le plus tendre de tous les pères, et qui est toujours à vos côtés pour vous soutenir et pour vous défendre. Priez-le de servir d'appui à votre faiblesse, de vous préserver des maux qui vous menacent, et ne craignez pas que votre prière soit rejetée. Il nous a promis expressément de nous accorder tout ce que nous lui demanderons, et je pourrais vous prouver par un grand nombre de traits édifiants, qu'il est toujours fidèle à remplir sa promesse; mais, pour n'être pas trop long, je me bornerai à vous en citer un qu'on trouve dans les *Lettres édifiantes et curieuses*.

Un Turc désirait ardemment épouser une jeune Bulgare d'environ quinze ans, qui avait été élevée dans la religion catholique. Il n'oublia rien pour la gagner et pour obtenir son consentement; mais elle se refusa toujours, parce qu'elle craignait avec raison de compromettre sa foi. Le Mahométan, voyant que tout était inutile, ne consulta plus que son désespoir; il suborna des témoins. Ceux-ci attestèrent que la jeune personne avait donné parole d'épouser le Turc et d'embrasser la religion de *Mahomet*. Elle nia l'un et l'autre. Le juge l'envoya en prison, sa mère l'y suivit. Là, persuadée que le Seigneur n'abandonne jamais ceux qui l'invoquent avec confiance, elle répétait continuellement ces paroles : « Mon Seigneur et mon Dieu, vous savez que je suis à vous; délivrez-moi de ce danger, ou appelez-moi à vous. » SA PRIÈRE NE FUT PAS SANS EFFET : ELLE MOURUT APRÈS MOINS DE DEUX JOURS DE DÉTENTION. Les gardes aperçurent une grande lumière sur la chambre où elle était; ils y entrèrent, la trouvèrent morte; et, frappés de ce prodige, ils en répandirent le bruit dans toute la ville. Beaucoup d'autres voulurent en être témoins. Les Grecs, frappés aussi de cet événement, mirent en pièces une partie de ses habits; et le missionnaire qui a rapporté ce fait, atteste qu'on les conserve encore comme des reliques.

(*Mentor des Enfants*, ch. IV.)

XIV.

Au commencement d'un mot, *gn* équivaut aux deux consonnes séparées : *g–n*. EXEMPLES :

Gna pha lo de*s* , gna pho se , gna to don te , gnà tho cé pha le, gna tor ra gi*e*, gneiss, gné mon, gnet, Gni de, gni dion, gnó me, gno mi de, gno-mon, gno mo lo gue, gno mo ni que, gno mo no-gra phe, gno si ma que*s*, gno sis, gno sti que.

La consonne *gn* se prononce encore de la même manière dans les mots suivants :

Ag na ca*t*, ag na li*es*, ag nan the, ag na*t*, ag-na the*s*, ag na tion, ag na ti que, ag no è te*s*, ag-no ïe, Agnus , cog na*t* , cog na ti que , cog na-tion, cog ni tif , cog ni tion , cog nom , cog no-mmer, diag nό se, diag no sti que, é læ ag no ï de*s*, ig na me, ig né, ig néo lo gue , ig ni co le , ig-ni fè re , ig ni spi cien , ig ni tion , ig ni vo me, ig ni vo re, i nex pu gna ble, Mag ni fi cat, mag-ni fier, ré cog ni tif , ré cog ni tion , rég ni co le , stag né, stag nan*t*, stag na ti on, stég no se, stég-no ti que, syng na the.

La Sainte Messe.

Outre la prière du matin et du soir, que vous ne devez jamais omettre, faites-vous une loi d'entendre tous les jours la Sainte Messe, quand vous le pourrez.

Jésus-Christ y renouvelle le sacrifice qu'il offrit autrefois à son Père sur le Calvaire ; il y implore sa miséricorde envers les hommes ; il y répand, pour ainsi dire, les grâces à pleines mains. La reconnaissance que vous lui devez, votre propre intérêt et sa gloire, tout vous engage à ne pas manquer d'assister à cet adorable sacrifice. Je dis votre propre intérêt ; car, outre les grâces spirituelles que Dieu accorde à ceux qui entendent dévotement la Sainte Messe, il les récompense quelquefois par les faveurs les plus sensibles et les plus éclatantes, comme vous pourrez le voir par le trait suivant.

Sainte Elisabeth, reine de Portugal, avait un jeune page extrêmement vertueux, dont elle se servait pour la distribution de ses aumônes secrètes. Un autre page, jaloux du crédit dont jouissait son collègue à cause de sa vertu, résolut de le perdre ; et, pour y réussir, cet envieux persuada au roi que le saint jeune homme avait une intelligence criminelle avec la reine. Le prince, que la corruption de son cœur portait à mal penser des autres, crut à la parole de l'accusateur, et forma le projet d'ôter la vie au prétendu coupable. Il dit au maître d'un four à chaux qu'il lui enverrait un page pour lui demander *s'il avait rempli ses ordres*; que c'était là le signe auquel il le reconnaîtrait. *Vous le prendrez*, ajouta-il, *et le jetterez dans le four, afin qu'il y soit brûlé; il a mérité la mort, pour avoir justement encouru mon indignation*. Au jour marqué, le page fut envoyé au four à chaux. Ayant trouvé une église sur son chemin, il y entra pour adorer Jesus-Christ. Là, il entendit une Messe, indépendamment de celle qui était commencée quand il entra dans l'église. Cependant le roi impatient de savoir ce qui s'était passé, envoya le délateur s'informer si l'on avait rempli ses volontés. Le maître du four à chaux, prenant celui-ci pour le page dont le roi lui avait parlé, le saisit et le jeta dans le feu, qui le consuma en fort peu de temps. Le page de la reine, après avoir satisfait sa dévotion, continue sa route, arrive au four, et demande si l'ordre du roi est rempli; et, comme on lui répond affirmativement, il revient au palais rendre compte de sa commission. Le roi fut singulièrement étonné en le voyant de retour contre son attente. Mais, lorsqu'il eut été instruit des particularités de l'événement, il adora les jugements de Dieu, rendit justice à l'innocence décriée, et le jeune page, convaincu, par sa propre expérience, des avantages qu'on peut retirer du saint sacrifice de la Messe, prit la ferme résolution d'y assister toutes les fois qu'il le pourrait.

Mais, pour avoir part aux grâces qu'il peut nous attirer, il ne suffit pas que le corps y soit présent; il faut surtout que l'esprit et le cœur soient attentifs à ce qui s'y passe, et que nous joignions nos prières à celles que Jésus-Christ offre pour nous à son Père céleste. Ne faites donc pas comme la plupart des enfants, qui s'y tiennent sans modestie, sans respect, sans attention. VOUS N'OSERIEZ PARAÎTRE DEVANT UN ROI DE LA TERRE AVEC UN AIR DISTRAIT ; VOUS VOUS GARDERIEZ BIEN SURTOUT DE VOUS TENIR EN SA PRÉSENCE DANS UNE POSTURE INDÉCENTE : combien plus de respect devez-vous avoir pour Jésus-Christ, qui est le roi du ciel, et devant qui les anges se couvrent de leurs aîles, en signe de leur profonde vénération !

(M. ch. IV.)

XV.

Dans les mots suivants, *ill* est représenté :

1° Par *l* :

A ppa reil, a vril, ba bil, con seil, é veil, fé-nil, gré mil, gré sil, gen ti l*h*omme, mé teil, or-teil, pa reil, pé ril, ré veil, so leil, so mmeil.

2° Par *il*.

A tti rail, bail, ber cail, bé tail, bou vreuil, breuil, bu rail, ca mail, ca ra van sé rail, che-vreuil, deuil, é mail, é ven tail, é cu reuil, é pou-van tail, fau teuil, fe nouil, gou ver nail, dé tail, mail, œil, plu mail, poi trail, por tail, sé rail, seuil, sou pi rail, tra vail, tra vouil, treuil, van-tail, vi trail.

3° Par *ll*.

A bei lles, a gui lle*s*; — (*) ai gui lla de, ai-gui lle, ai gui llé*e*, ai gui lle tte, ai gui llon, ai-gui llo nner, ai gui llo*ts*, — an gui lla*rd*, an-gui lle, a po sti lle, ar di llon, a ppa rei lleur, ar-

(*) On fait sentir l'*u* qui suit le *g*, dans les mots qui commencent par *ai guil*.

ti lle *rie*, ba bi lla*rd*, ba bi ller, ba sti lle, bé-qui lle, bien vei llan ce, bi lla*rd*, bi llet, bi llon, bi llo*t*, bou tei lle, bou tei lla ge, bri llan*t*, Ca-sti llan, cé di lle, char mi lle, che ni lle, che-vi lle, che vi lla ge, con sei ller, co qui lle, co-qui lla ge, cor bei lle, cor nei lle, é cou ti lle, é gri lla*rd*, é mer vei ller, en fan ti lla ge, en-viei llir, é vei ller, fa mi lle, fau ci lle, fau-ci llon, fi lleul, fu si lla de, ga spi ller, gen-ti lle sse, gro sei lle, gui llo ti ne, *h*a bi lle-ment, jui llet, len ti lle, mal vei llan ce, mer-vei lle, né gri llon, o rei lle, pa co ti lle, pa pi llon, pa rei lle, pa vi llon, pe cca di lle, pi lla ge, qui lle, qui ller, ré vei ller, rou pi ller, sau ti ller, so mmei ller, sur vei llan*t*, ti llac, ti lleul, tor-ti ller, tour bi llon, trei lli*s*, trei llage, va ni lle, vei lleur, ver mi llon, vé ti lle, viei lle, viei lla*rd*, viei lle sse, viei lle *rie*, vo la ti lle, vri lle, etc., etc.

La lettre *l* conserve sa prononciation naturelle dans :

A chi lle, al gua zil (*ou*), ar mil lai re, a xil-lai re, bill, bi llion, bi ssex til, Bré sil, ca pil-lai re, co di ci lle, co di cil lai re, di ssil la be, di sti ller, di sti lla teur, di sti lla tion, ex tra xil-lai re, ci vil, man ce ni llier, mor fil, fil, maxil lai re, mo no syl la be, o scil la tion, pa pil-lai re, poil, pro fil, pué ril, pu pi lle, pu sil la-ni me, scin til la tion, si by lle, stil la toi re, stil-la tion, sub til, syl la bai re, syl lep se, syl lo-gis me, tran qui lle, tran qui lle ment, tri llion, va cil la tion, vau de vi lle, vi lle, vi lla geois, vo la til.

La fréquentation des Sacrements.

La fréquentation des sacrements ne vous est pas moins nécessaire que la prière. Les sacrements sont, par rapport à l'âme, ce que les aliments sont pour notre corps : ils la nourrissent, ils la soutiennent, ils la fortifient. Vous ne voudriez pas passer plusieurs jours sans donner à votre corps la nourriture qui lui est nécessaire ; vous craindriez avec raison que ses forces ne se ralentissent, et qu'il ne dépérît totalement. Il en serait de même de votre âme : elle tomberait dans la langueur, elle s'affaiblirait, et elle perdrait toute sa vigueur, si vous la priviez du fréquent usage des sacrements.

Faites-vous donc un devoir de vous approcher souvent, et pour le moins une fois chaque mois, du tribunal de la pénitence et de la table sacrée, si vous avez déjà fait votre première communion ;

mais ne vous en approchez jamais sans y apporter les dispositions que la religion nous prescrit, et dont vous vous êtes sans doute pénétré en apprenant votre catéchisme.

Si les sacrements sont un aliment salutaire pour ceux qui les reçoivent saintement, on peut dire aussi qu'ils se changent en poison pour ceux qui les profanent. La confession ne sert qu'à rendre plus coupable un pénitent mal disposé ; et saint Paul nous déclare que *celui qui reçoit indignement le corps de* Jésus-Christ, *mange son propre jugement*. Pour juger de la sévérité avec laquelle Dieu punira ceux qui abusent des sacrements, il ne faut que se rappeler la manière dont il traita ceux qui, sous l'ancienne Loi, manquèrent de respect pour les choses saintes.

Balthazar, roi d'Assyrie, porta l'impiété jusqu'à profaner les vases sacrés que son aïeul Nabuchodonosor avait enlevés du temple de Jérusalem. Tandis que, dans un festin, il se servait de ces vases, et qu'il y faisait boire ses officiers et ses épouses, il vit paraître tout-à-coup une main qui écrivait sur la muraille, trois mots qui étaient sans qu'il le sût, l'arrêt de sa condamnation. Il fit aussitôt assembler tous les sages de Babylone pour expliquer ces mots, et pour le tirer du trouble étrange où il se trouvait; mais, comme ces sages ne purent pas même venir à bout de lire cette écriture, il eut recours au prophète Daniel, qui, après l'avoir lue, lui dit avec une liberté toute sainte que, par ces mots, Dieu lui annonçait que les jours de son règne étaient accomplis, à cause de ses crimes, et que son royaume serait partagé entre les Mèdes et les Perses. L'événement justifia bientôt cette explication: Cyrus étant entré dans Babylone par le canal de la rivière qui entourait cette ville, et deux de ses capitaines ayant pénétré jusque dans le palais royal, Balthazar y fut tué la nuit même que Daniel le lui avait prédit.

C'EST AINSI, MON CHER ENFANT, QUE DIEU A TRAITÉ CEUX QUI ONT MANQUÉ DE RESPECT POUR LES CHOSES SAINTES. Avec quelle rigueur ne punira-t-il donc pas ceux qui oseront profaner son corps et son sang précieux! Que cette punition (non plus que beaucoup d'autres qu'on trouve dans les saintes Ecritures) ne vous empêche pourtant pas de fréquenter les sacrements; mais qu'elle vous anime à vous y disposer avec tout le soin dont vous serez capable. Lorsque vous vous en approcherez saintement, ils seront pour vous une source de grâces et de bénédictions.

XVI.

La consonne *x* a différentes valeurs :

1° Elle équivaut à *z* dans les mots suivants :

Deu xiè me, deu xiè me ment, di xiè me, di-xiè me ment, dix-huit, dix-hui tiè me, dix-neuf, dix-neu viè me, si xain, si xiè me, si xiè me ment.

2° Elle équivaut à *s* dans les mots suivants :

Aix, Aix-la-Cha pe lle, Au xe rre, Au xe rrois, Au xo nne, Bru xe lles, Bru xe llois, Ca dix, coc-cyx, dix, dix-sept, dix-sep tiè me, six, soi xan te, soi xan tiè me, soi xan tai ne.

3° Au commencement d'un mot, ou lorsqu'elle est précédée de *e*, et suivie d'une voyelle ou de *h* muet, la consonne *x* équivaut à *gz*; Exemples :

Xa vier, Xé no phon, Xan ti ppe, Xer cès, e xa cer ba tion, e xac te, e xac ti tu de, e xa gé-rer, e xal ta tion, e xa men, e xa mi na teur, e xar que, e xar cha*t* (*ca*), e xha ler, e xha lai-son, e xhau sse ment, e xhé ré da tion, e xhi ber, e xil, e xhor ta tion, e xhu mer, e xi gen ce, e xi gi ble, E xo de, e xor bi tan*t*, e xor ci ser, e xor de, e xhu bé ran*t*, i ne xac ti tu de, i ne xécu ta ble, e xé crer, e xa spé ra tion, e xé cra ble, e xé cu teur, e xem ple, e xem plai re, e xer ci ce, e xemp tion, e xem*pt*, e xem*p* te, e xem*p* ter, i ne xi gi ble, i ne xo ra ble.

La Lecture des Livres de Piété.

Pour vous disposer à recevoir les sacrements avec fruit, et pour entretenir en vous l'esprit de religion et de piété, rien n'est plus utile que la lecture des bons livres. Les instructions salutaires qu'ils renferment, vous mettront vos devoirs sous les yeux, et vous animeront à les remplir; ils éclaireront votre esprit, échaufferont votre cœur, et fortifieront votre âme contre les attraits du vice et des mauvais exemples.

Saint Augustin étant un jour dans un jardin et couché sous un figuier, entendit une voix qui répétait souvent ces mots : *Prenez et lisez*. Se souvenant que saint Antoine avait été converti par la lecture de l'Évangile, il prend le livre des Épîtres, de saint Paul, lit le premier chapître qui lui tombe sous les yeux : il y voit la condamnation de ses désordres, et l'obligation de mener une vie sainte et chrétienne. A cette vue, ses incertitudes se dissipent ; il se sent animé d'un nouveau courage, et il commence dès-lors à renoncer au monde et à ses passions, pour se consacrer entièrement au service de Dieu. Mais que serait-il devenu, s'il eût résisté à cette voix miraculeuse qui lui parlait? Hélas! peut-être serait-il resté dans la voie de la perdition, et ne se serait-il jamais converti!

La lecture des livres de piété ne fut pas moins utile à un noble Siennois, nommé Jean Colombini, lequel, sans avoir donné dans les mêmes égarements que saint Augustin, négligeait entièrement le soin de son âme, ne songeait qu'à plaire au monde ou à s'en faire estimer, et vivait dans un oubli continuel de Dieu et de l'éternité. Revenant un jour à midi, très-fatigué, parce qu'il avait été accablé d'affaires tout le matin, il ne trouva pas le dîner prêt, ce qui le fit entrer dans une étrange colère. Son épouse, pour lui faire trouver le temps moins long, lui donne un livre, et le prie de le lire en attendant qu'il se mette à table : c'était la Vie des Saints. Colombini, dans l'excès de sa colère, prend le livre et le jette à terre. Mais, un moment après, ayant honte de lui-même, il ramasse le livre, l'ouvre et tombe sur la vie de sainte Marie d'Egypte. Il la lit, et y trouve tant de plaisir, qu'il ne pense plus à son dîner. Insensiblement son cœur s'attendrit : il conçoit de la douleur de ses péchés passés, et se détermine à changer de conduite. Cette résolution fut si sincère et si efficace, qu'allant toujours de vertu en vertu, il parvint à la sainteté la plus éminente, et mérita d'être mis au nombre des Saints.

Je ne saurais donc trop vous répéter, mon cher enfant, les paroles qui furent adressées à saint Augustin : *Prenez et lisez*. Ne laissez passer aucun jour sans donner au moins un quart d'heure à la lecture de quelque bon livre, et vous apprendrez, par votre propre expérience, que rien n'est plus utile que ce saint exercice. (M. ch. IV.)

XVII.

Quelques difficultés particulières.

On écrit :	*On prononce :*
Aoriste, Août, aoûteron, Curaçao, Saône, taon ; — accueil, accueillir, cercueil, cueillir, recueil, recueillir, recueillement ; orgueil, orgueilleux, orgueilleusement ; — femme,	**Oriste, Oû, oûteron, Curaço, Sône, ton, — akeuil, akeuillir, cerkeuil, keuillir, rekeuil, rekeuillir, rekeuillement ; orgueil, orgueilleux, orgueuilleusement ; — fame,**

Orthographe :	*Prononciation :*
femmelette, indemnité, solennel, solennité, solennellement, hennir, hennissement, enorgueillir, indemniser, rouennerie; — Abraham, Bethléem, idem, intérim, Jérusalem, Sem, tamtam, amnistie, automnal, calomnie, calomnieux, gymnase, gymnastique, hymne, insomnie, somnambule, somnambulisme, somnifère; — abdomen, amen, Éden, gluten, hymen, lichen, spécimen, braun-spath; — faon, faonner, paon, paonne, paonneau, Laon, Laonais; — Alsace, transaction, transiger, transit, transitif, transition, transitoire; — album, balsamum, centumvir, duumvirat, triumviral, décemvir, décorum, Te Deum, junte, maximum, mameluck, minimum, museum, rum, rumb, punch; — Metz, Coblentz; — Liverpool, groom, sloop, Cook; — Norwége, norwégien, Newton, newtonien, newtonianisme, New-Yorck, Wissembourg,	famelette, indamenité, solanèle, solanité, solanèlement, hanir, hanicement, an-norgueillir, indamenizer, rouaneri; — Abrahame, Bètléème, idème, intérime, Jéruzalème, Sème, tame-tame, amenisti, automenal, calomeni, calomeni-eux, jimenaze, jimenastique, imène, insomeni, somenanbule, somenanbulisme, somenifère; — abdomène, amène, Édène, glutène, imène, likène, spécimène, braune-spathe; — fan, fané, pan, pane, panau, Lan, Lanè; — Alzace, tranzacsion, tranzijé, tranzite, tranzitif, tranzicion, tranzitoire; — albome, balsamome, sintomevir, duomevira, triomeviral, décèmevir, décôrome, té Déome, jonte, maximome, mamelouque, minimome, muzéome, rome, ronbe, ponche; — Mèce, Coblance; — Livèrpoule, groume, sloupe, Couque; — Norvège, norvégien, Neuton, neutonien, neutonianisme, Neu-Yorque,

Orthographe :	*Prononciation :*
Westphalie, Westphalien, wiski, Waterloo, Wellington, Laws.	Vicinbour, Vèsfali, Vèsfalien, ouiski, Ouatèrlo, Ouèlelingtone, Lâce.

Dévotion à la Sainte Vierge (*).

Une pratique de piété que je voudrais encore vous inspirer, et à laquelle vous ne sauriez vous porter avec trop d'ardeur, c'est la dévotion à la Sainte Vierge. MARIE est la mère de Dieu ; elle est aussi la mère des hommes, et par conséquent la vôtre : n'est-il pas juste que vous l'honoriez et que vous l'invoquiez ?

Le seul titre de mère suffit pour vous inspirer le plus grand respect pour celle qui vous a donné la vie ; et, comme vous connaissez toute la tendresse qu'elle a pour vous, dès que vous vous voyez menacé de quelque danger, vous vous empressez de vous jeter dans ses bras, persuadé que, de son côté, elle se hâtera de vous secourir. Eh bien ! mon cher enfant, voilà la conduite que vous devez tenir envers Marie, cette Vierge par excellence, que la religion vous fait envisager comme votre mère, et qui est effectivement la meilleure de toutes les mères.

Saint Thomas d'Aquin, étant près de mourir, assura que jamais il n'avait rien demandé à Dieu par l'inter-

(*) Désormais, les lettres nulles ne seront plus indiquées.

cession de Marie, qu'il ne l'eût obtenu ; mais ce Saint n'est pas le seul qui ait reçu des marques particulières de sa bonté.

Une jeune Chinoise, nommée Marie, âgée de onze à douze ans, eut la dévotion de se confesser avant la fête du Saint Sacrement. Après le confession, le Père missionnaire lui dit : « Je crois que, par la miséricorde de Dieu, vous êtes bien avec lui ; mais vous êtes jeune, et ce lieu-ci est plein de dangers pour la vertu (*). Qui sait si vous vous soutiendrez, et si un jour vous n'offenserez point le bon Dieu mortellement? Je vous avoue que cette pensée me fait trembler. — Ne craignez pas, répondit la jeune Marie, j'aimerais mieux mourir que d'offenser Dieu. — Si cela est, reprit le missionnaire, je vous conseille de demander à la sainte Vierge qu'elle vous obtienne la grâce de mourir plutôt que d'offenser Dieu mortellement. » A l'instant, cette jeune personne, se tournant vers une image de Marie, qui était à l'oratoire du confesseur, se mit à genoux, se prosterna et frappa la terre du front, pour honorer la mère de Dieu ; elle pria un moment, puis elle dit au missionnaire : « Soyez tranquille, mon Père ; j'espère que la sainte Mère m'exaucera. » Elle sortit bien contente, et le Père bien édifié. Quelques jours après, il lui vint une petite enflure à la joue. On crut d'abord que cette incommodité ne pouvait avoir aucune suite funeste ; mais elle dégé-

(*) Cette jeune personne était de la famille impériale.

néra bientôt en un cancer malin, qui en moins de vingt jours, lui mangea presque tout le visage. Elle soutint cet état avec une constance angélique, et mourut pleine de joie, persuadée que sa mort était le fruit de la prière qu'elle avait adressée à la Sainte Vierge, et un effet de la bonté de Dieu, qui voulait l'arracher aux périls du monde et assurer son salut.

Il me faudrait des volumes pour vous décrire toutes les grâces dont les serviteurs de Marie ont été redevables à sa puissante médiation. Les uns, éclairés par les lumières qu'elle leur a obtenues, ont reconnu clairement l'état où le Seigneur les appelait; les autres, aidés de son secours, ont conservé leur innocence au milieu des plus violentes tentations. Tous enfin ont éprouvé, selon leurs besoins, les salutaires effets de sa protection. Vous les éprouverez infailliblement vous-même, mon cher enfant, si vous avez soin de l'invoquer avec confiance; et elle aura pour vous la tendresse d'une mère, si vous avez pour elle les sentiments d'un fils respectueux et zélé pour son service. (M. ch. IV.)

Dévotion à l'Ange gardien.

L'Ange que Dieu vous a donné pour vous assister, et pour veiller à votre conservation et à votre salut, doit aussi avoir part à vos hommages. Je ne puis mieux vous faire sentir les bienfaits que vous avez reçus de lui, et la reconnaissance que vous lui devez, qu'en vous racontant l'histoire que vous allez lire.

Lorsque Tobie se crut près de mourir, il fit appeler son fils ; et, après lui avoir donné les avis les plus salutaires pour sa conduite, il lui déclara que Gabélus, habitant de la ville de Ragès, lui devait dix talents. Le jeune Tobie ne savait pas même où était cette ville, et il cherchait un guide pour l'y conduire, lorsqu'il trouva en sortant de son logis, un jeune homme parfaitement beau, qui paraissait prêt à faire voyage. Tobie, ignorant que ce fût l'Ange Raphaël que Dieu lui avait envoyé, lui demanda qui il était et où il allait ; et, ayant su de lui qu'il connaissait Gabélus, il le présenta à son père, qui le pria de conduire son fils, et lui promit de lui donner une bonne récompense. L'Ange, caché sous la figure d'un homme ordinaire, consentit aux désirs du saint vieillard, et se mit en chemin avec son fils. Ils firent tranquillement la première journée ; mais, le second jour, comme le jeune Tobie se lavait les pieds dans une rivière, il aperçut un poisson monstrueux qui s'avançait vers lui pour le dévorer. A cette vue, il poussa un grand cri : l'Ange le rassura, lui dit de prendre le poisson par les nageoires, de le tirer sur le sable où il mourrait, et d'en mettre à part le cœur, le fiel et le foie. Tout cela fut exécuté sans aucune peine.

Quelques jours après, les deux voyageurs arrivèrent près de Ragès. Alors l'Ange dit à Tobie qu'avant d'entrer dans cette ville, il fallait passer par Ecbatane, chez Raguel, son parent, dont il devait épouser la fille unique. Ces dernières paroles firent trembler le jeune Israélite, parce qu'il savait que les sept maris qu'avait déjà eus cette fille, avaient tous été tués par un démon. Mais, l'Ange lui ayant assuré qu'en suivant ses avis, il éviterait un si triste sort, il entra chez Raguel sans rien craindre, épousa sa fille, et la ramena chez son père, avec l'argent de Gabélus que l'Ange avait été seul chercher à Ragès. Dès qu'il fut arrivé, il rendit la vue à ce tendre père, en lui frottant les yeux avec le fiel du poisson qu'il avait pris; ensuite il lui raconta tout ce que son guide avait fait pour lui, ce qui pénétra le saint vieillard d'une si vive reconnaissance, que se joignant à son fils, ils lui offrirent, pour le récompenser, la moitié de tous les biens dont ils jouissaient. L'ange Raphaël leur apprit alors qu'il était un de ces bienheureux esprits qui sont sans cesse devant le Seigneur, et, après les avoir rassurés de la frayeur qu'ils en eurent, il disparut à leurs yeux.

Votre Ange gardien vous a rendu, quoique d'une manière invisible, les mêmes services que Tobie reçut autrefois de son guide céleste. Il n'a cessé de vous protéger et de veiller sur vous : mille fois, il vous a empêché de devenir la proie du péché, monstre cent fois plus funeste que ne l'était celui qui voulait dévorer Tobie; mille fois, il vous a fait éviter, par les salutaires pensées qu'il vous a inspirées, les embûches que le démon vous tendait; et il est encore disposé à vous faire éprouver, en toute occasion, les salutaires effets de sa bienveillance.

Imitez donc la sage conduite du pieux Israélite dont je vous ai parlé, et ayez pour votre Ange gardien les mêmes sentiments qu'il eut pour son saint conducteur. Il ne demande pas la moitié de vos biens; mais il mérite votre reconnaissance, votre respect, votre amour et votre confiance. Ne soyez pas assez injuste, assez ingrat pour les lui refuser, et ne manquez pas de l'invoquer chaque jour, surtout le matin et le soir. Enfin, mon cher enfant, n'oubliez rien de tout ce qui peut nourrir et augmenter en vous cet esprit de piété que j'ai tâché de vous inspirer. Souvenez-vous que tout n'est rien, sans la piété, et que ce n'est que par elle que nous pouvons être heureux en cette vie et en l'autre.

---

† Au nom du Père, du Fils, et du Saint-Esprit. Ainsi soit-il.

L'ORAISON DOMINICALE.

Notre Père qui êtes aux cieux, que votre nom soit sanctifié; que votre règne arrive; que votre volonté soit faite sur la terre comme au ciel: donnez-nous aujourd'hui notre pain quotidien; et nous pardonnez nos offenses comme nous pardonnons à ceux qui nous ont offensés; et ne nous laissez pas succomber à la tentation; mais délivrez-nous du mal. Ainsi soit-il

LA SALUTATION ANGÉLIQUE.

Je vous salue, Marie, pleine de grâces, le Seigneur est avec vous; vous êtes bénie entre toutes les femmes, et Jésus, le fruit de vos entrailles, est béni. Sainte Marie, mère de Dieu, priez pour nous pauvres pécheurs, maintenant et à l'heure de notre mort. Ainsi soit-il.

LE SYMBOLE DES APÔTRES.

Je crois en Dieu le Père tout-puissant, créateur du ciel et de la terre ; et en Jésus-Christ son Fils unique notre Seigneur, qui a été conçu du Saint-Esprit, est né de la Vierge Marie ; a souffert sous Ponce-Pilate, a été crucifié, est mort et a été enseveli ; est descendu aux enfers, et le troisième jour est ressuscité des morts ; est monté aux cieux, est assis à la droite de Dieu le Père tout-puissant ; d'où il viendra juger les vivants et les morts. Je crois au Saint-Esprit ; la sainte Eglise catholique, la communion des Saints ; la rémission des péchés ; la résurrection de la chair ; la vie éternelle. Ainsi soit-il.

LA CONFESSION DES PÉCHÉS.

Je confesse à Dieu tout-puissant, à la bienheureuse Marie toujours Vierge, à saint Michel Archange, à saint Jean-Baptiste, aux Apôtres saint Pierre et saint Paul, à tous les Saints, et à vous, mon Père, que j'ai beaucoup péché, par pensées, par paroles, par actions, et par omissions ; c'est ma faute, c'est ma faute, c'est ma très grande faute. C'est pourquoi je supplie la bienheureuse Marie toujours Vierge, saint Michel Archange, saint Jean-Baptiste, les Apôtres saint Pierre et saint Paul, tous les Saints, et vous, mon Père, de prier pour moi le Seigneur notre Dieu.

Que le Dieu tout-puissant nous fasse miséricorde, qu'il nous pardonne nos péchés, et nous conduise à la vie éternelle. Ainsi soit-il.

Que le Seigneur tout-puissant et miséricordieux nous accorde l'indulgence, l'absolution et la rémission de nos péchés. Ainsi soit-il.

LES COMMANDEMENTS DE DIEU.

1. Un seul Dieu tu adoreras
   Et aimeras parfaitement.
2. Dieu en vain tu ne jureras,
   Ni autre chose pareillement.
3. Les Dimanches tu garderas
   En servant Dieu dévotement.
4. Père et Mère honoreras,
   Afin de vivre longuement.
5. Homicide point ne seras
   De fait ni volontairement.
6. Luxurieux point ne seras
   De corps ni de consentement.
7. Le bien d'autrui tu ne prendras
   Ni retiendras injustement.
8. Faux témoignage ne diras,
   Ni mentiras aucunement.
9. L'œuvre de chair ne désireras,
   Qu'en mariage seulement.
10. Biens d'autrui ne convoiteras
    Pour les avoir injustement.

LES COMMANDEMENTS DE L'ÉGLISE.

1. Les Fêtes tu sanctifieras,
   Qui te sont de commandement.
2. Les Dimanches Messe ouïras,
   Et les fêtes pareillement.

3. Tous tes péchés confesseras,
   A tout le moins une fois l'an.
4. Ton Créateur tu recevras,
   Au moins à Pâques humblement.
5. Quatre-Temps, Vigiles jeûneras,
   Et le carême entièrement.
6. Vendredi chair ne mangeras,
   Ni le samedi mêmement.

ACTES DES VERTUS THÉOLOGALES.

ACTE DE FOI.

Mon Dieu, je crois fermement tout ce que la sainte Eglise catholique, apostolique romaine, m'ordonne de croire, parce que c'est vous, ô vérité infaillible, qui le lui avez révélé.

ACTE D'ESPÉRANCE.

Mon Dieu, j'espère avec une ferme confiance, que vous me donnerez, par les mérites de Jésus-Christ, votre grâce en ce monde, et, si j'observe vos commandements, votre gloire dans l'autre ; je l'espère, parce que vous me l'avez promis, et que vous êtes souverainement fidèle dans vos promesses.

ACTE DE CHARITÉ.

Mon Dieu, je vous aime de tout mon cœur, de tout mon esprit, de toute mon âme et de toutes mes forces, par-dessus toutes choses, parce que vous êtes infiniment bon et infiniment aimable ; et j'aime mon prochain comme moi-même pour l'amour de vous.

ACTE DE CONTRITION.

Mon Dieu, j'ai un extrême regret de vous avoir offensé, parce que vous êtes infiniment bon, infiniment aimable, et que le péché vous déplaît. Pardonnez-moi, par les mérites de Jésus-Christ ; je me propose, moyennant votre sainte grâce, de ne plus vous offenser et de faire pénitence.

PRIÈRE AVANT LE REPAS.

Que Notre-Seigneur Jésus-Christ nous donne sa sainte bénédiction, ainsi qu'à la nourriture que nous allons prendre. Ainsi soit-il.

PRIÈRE APRÈS LE REPAS.

Nous vous rendons grâces de tous vos bienfaits, ô Dieu tout-puissant qui vivez et régnez dans tous les siècles des siècles. Ainsi soit-il.

FIN.

Vannes. — Imp. de Gust. de Lamarzelle.

www.ingramcontent.com/pod-product-compliance
Lightning Source LLC
Chambersburg PA
CBHW071804090426
42737CB00012B/1940
* 9 7 8 2 0 1 9 4 9 2 3 7 3 *